Introduction to Legal Interpreting

법률통번역 입문

- 유럽연합 사례로 본 모범 답안 -

Erik Hertog 편저 · **곽중철** 옮김

한국외국어대학교 출판부

「이 책은 2010학년도 한국외국어대학교 교내학술연구비 지원에
의하여 이루어진 것임」

역자의 말

1979년 9월에 문을 연 한국외국어대학교 통번역대학원이 개교 26년 만인 2005년 세계통번역학교협회(CIUTI)에 가입한 후 구미의 통번역학교들과 교류를 시작하면서 눈뜨기 시작한 것이 지역사회통역 *community interpreting* 분야였다. 그동안 통역학도를 가르치고 배출한 분야가 정치, 경제 등 국제회의 분야였다면 지역사회 통역은 우리 지역에 사는 외국인들을 위한 법정과 병원 등에서의 공공봉사*public service* 통역이다. 단일 민족과 문화로 살아왔던 우리나라에도 국제화 바람으로 점점 많은 외국인이 살게 되고, 필연적으로 이들을 위한 통번역이 필요하게 되었으니 늦게나마 그 분야에 눈 뜨게 된 것은 다행이었다.

2008년 9월 한국외대 통번역대학원에서 국내최초로 법정통역 관련 국제학술대회를 주최하기로 결정한 후 CIUTI에 자문을 구하면서 세계 최고의 법률통역[1] 연구 전문가로 추천받은 이가 바로 이 책의 원저자 에릭 에르톡*Erik Hertog*이었다. 그는 벨기에 앤트워프 시에 있는 레시어스*Lessius* 대학의 교수로 재직하면서 법률통역을 전문으로 연구해 온 결과 유럽연합의 관련 프로젝트를 도맡다시피 해온 자타가

1) 법률 통역이란 용어는 법정이라는 제한된 공간을 넘어 외국인 거주자를 위한 모든 사법적 절차에서 일어날 수 있는 더 넓은 범주의 통역을 의미한다. 이 책에서는 국내외에서 통용되고 있는 '법정통역'이란 용어를 '법률통역'으로 대체하였다.

공인하는 법률통역 연구분야의 대부이다.

그가 서울에서 몇 차례의 발표와 강연으로 과연 전문가다운 면모를 보이면서 걸음마를 시작한 동쪽의 먼 나라 한국의 법률통역 발전을 위해 추천한 책이 바로 이 저서였다. 유럽연합에서 지원을 받아 작성한 보고서가 2001년의 Aequitas, 2003년의 Aequaltas, 2005년의 Aequilibrium, 2008년의 Status Quaestionis 등 4개인데 에르톡 교수는 제일 먼저 나온 Aequitas가 기초적이면서도 가장 충실한 법정 통번역의 바이블이라면서 한국의 법률통역 발전에 제일 유용한 참고서가 될 것이라고 했다.

이 책은 법률통역 용어를 전문적으로 다루지는 않는다. 법률통역 용어라면 우리나라에도 이미 2006년 서울중앙지방법원에서 출간한 형사법정통역인 교육자료가 있고, 사법연수원에서 2008년 발간해 외국법과목 교재로 쓰고 있는 법률영어*English in Laws*가 있다. 또 법제처에서 2009년 말 개정판을 낸 법령용어한영사전도 있다.

법률 용어를 떠나 이 책은 법률 통번역사 양성을 위한 인프라 구축 방안을 제시한다. 즉 언어와 문화를 뛰어넘어 법에 호소할 수 있는 접근권, 법률 통번역사의 언어적 기준, 법률 통번역 연수생의 선발, 실제 훈련, 법률 통번역사의 지속적 전문성 개발, 법률 통번역을 가르치는 강사에 대한 훈련, 법률 통번역사의 윤리 및 행동 강령과 모범 실무지침, 그리고 전문적인 법률 통번역을 위한 제반 조치 등을 다루고 있다.

이제 필연적으로 외국인 거주자가 100만을 넘어 수백만 명이 될 우리나라에서 점점 더 수요가 커질 법률 통번역사를 양성하는데 꼭 필요하고 이를 위해 가장 효과적이고 믿을만한 백년대계의 교재가 될 이 책을 출판하게 됨은 역자뿐 아니라 관계자 모두의 기쁨이 될 것으로 확신한다.

끝으로 초벌번역과 편집을 도와준 제자 염세라, 임태열, 정주영, 이혜진, 이선림과 주로 제1장에 집중되어 있는 법률 전문 용어를 감수해 주신 한국외국어대학교 법학전문대학원의 최철 교수님과 국제법률영어인증시험 센터장 하상욱 교수님께 감사드린다.

2010년 6월

곽 중 철

이 책을 읽기 전 알아야 할 통번역 관련용어 해설(가나다순)

A언어

모국어 또는 제1언어. 가장 자유롭게 구사할 수 있는 언어

B언어

능동 외국어. 자유로운 이해와 표현이 가능한 제2언어

C언어

수동 외국어. 이해에는 문제가 없지만 능동적인 구사에 한계가 있는 제3언어

노트테이킹 *note-taking*

순차통역 할 때 기억을 돕기 위해 간단한 기호나 약어로 받아 적는 행위

동시통역 *simultaneous interpreting*

연사의 말을 들음과 동시에 실시간으로 다른 언어로 통역하는 작업으로, 보통 부스에서 진행되며 청중은 헤드폰으로 청취함

수행통역 *liaison interpreting*

통역사가 소수 고객에 따라붙어 함께 움직이면서 통역해 의사소통을 돕는 작업

순차통역 *consecutive interpreting*

연사의 말을 들은 후 노트테이킹한 내용을 참조해 다른 언어로 바꾸어 말하는 작업

문장구역 *sight translation*

사전 작성된 문서 내용을 눈으로 읽는 동시에 다른 언어로 바꾸어 말하는 작업

번역브리프 *translation brief*

번역을 의뢰할 때 번역할 텍스트와 함께 번역사에게 전달하는 문서로, 텍스트의 배경과 성격, 번역문의 용도, 기타 의뢰인이 원하는 작업상 세부 사항 등을 기록함

번안 *adaptation*

'상황상 등가*situational equivalence*'라고도 하며, 원어가 나타내는 사회문화적 맥락이 번역할 언어의 사회문화적 맥락에 존재하지 않을 때 유사한 상황으로 대치하는 번역 방법

예) 영어 텍스트에 나온 Test Cricket를 불어에서 Tour de France로 번역

변조 *modulation*

직역투가 문법적으로 정확하지만 해당 언어에서 어색한 표현이 될 때, 관점이나 시점을 달리함으로써 메시지를 전달하는 통번역 방법

예) 영어 명령문 "Forget it!"을 불어 부정명령문 "N'y pensez plus!"로 번역

섀도잉 *shadowing*

연사의 말을 들으면서 거의 간격을 두지 않고 앵무새처럼 바로 따라 말하는 통역 훈련 방법으로, 녹음된 테이프를 들으면서 중간에 멈춰 놓고 따라 말하기 *repeating*와는 다른 개념

언어조합 *language combination*

통역사가 구사 가능한 언어의 묶음으로, A-B, A-B-C, A-CCC 등으로 표현함

위스퍼링 *whispering*

동시통역처럼 연사의 말을 들으면서 실시간으로 진행되지만 부스와 헤드폰 등의 장비 없이 청자 바로 옆에서 작은 소리로 메시지를 전달하는 작업으로, 통역이 필요한 청중이 소수일 때 사용

목 차

서 문

사법과 공정한 재판에 대한 평등한 접근을 보장하는 유럽과 각국의 입법 요건은 반드시 보호되어야 한다. 그러나 양질의 법률 통번역서비스가 제공되지 못할 경우 이는 달성하기 어려운 목표다.

서로 다른 언어와 문화적 배경을 가진 개인이 특정 EU 회원국의 사법제도를 따라야 하거나, 여러 국가 법제 간 사법적 협력이 요구되는 상황이 늘어남에 따라, 이를 효과적으로 처리하기 위한 필수 선결요건은 결국 언어 및 문화간 의사소통에 있어 믿을만한 기준을 마련하는 것이다.

본 보고서에서 소개하는 유럽연합(EU)의 **그로티우스*Grotius*** 프로젝트 98/GR/131은 법률 통번역에 있어 국제적으로 일관된 모범실무 기준과 등가성*equivalencies*의 정립을 목적으로 한다.

본 보고서는 다음과 같은 분야에서 법률 통번역사의 등가성에 대한 권고안을 제시한다.

- 선발, 교육, 평가 기준

• 윤리, 행동규범, 모범실무 기준
• 통번역과 법조계 분야간 업무 조정

위 권고안은 법률 통번역 분야에서 보편적이고 보다 실무적인 기준을 확립하는 과정에 일조하기 위해 EU 회원국 및 후보국 동료연구자에게 제공된다.

본 권고안이 국내 및 국제적 협력을 통해 이행되고 개선되며 발전될 수 있기를 바란다.

안보와 사법 없이 유럽 기본권*European fundamental rights*이 존재할 수 없고, 이주나 주거확장의 자유도 있을 수 없다. 사법은 반드시 보호, 보장되어야 하며 본 프로젝트의 존재 이유는 바로 언어가 양도할 수 없는 인간의 권리로서 뿐만 아니라 유럽 내 '정의의 영역*Area of Justice*'의 주춧돌로서 그 중요성의 인식이 증대되고 있기 때문이다.

개인과 국가의 근원적 자유를 보호하고, 핀란드 탐페레*Tampere* 정상회담에서 제시된 바와 같이 새 천년 유럽의 핵심적 역할을 할 것으로 기대되는 사법은 모든 언어와 문화를 초월해, 최고 수준의 서비스를 받아야 하고, 그럴 가치가 있다.

Erik Hertog

제 1 장

EU 내 언어와 문화를 초월한 사법적 접근

1. 서 론

언어와 문화간 의사소통 문제는 EU 전역에서 충분히 인지되고 있다.

그 결과 민법이나 형법, 망명신청자나 이민관련 사건, 또는 사법 공조의 분야에서 공유언어가 없거나 관련 사법제도 및 절차를 상호 이해하지 못하는 경우가 늘어나고 있다.

사법제도의 모든 영역에서 이루어지는 조치와 결정의 질적 수준은 대부분 정확한 의사소통에 달려 있다. 비전문적인 통번역은 사법적 정의 실현의 장애가 될 수 있기 때문이다.

유럽 전역에서, EU 국가의 언어 및 이민자의 언어를 포함해 수백 개 언어에서 믿을 만한 전문 통번역사가 필요하다. 유능하고 자격을 갖춘 노련한 법률 통번역사 없이 언어와 문화를 초월하는 효율적이고 공정한 사법절차는 존재할 수 없다.

동시에 사법제도 종사자나 책임자가 효과적으로 통번역사의 지원을 받기 위한 기술과 이해 및 조직적 틀을 갖추는 것도 그 못지 않게 중요하다.

본 그로티우스 프로젝트는 언어 및 문화를 초월한 사법에 대한 평등한 접근을 보장하기 위한 기본 원칙이 필요하다는 인식을 계기로 시작되었다.

EU의 국경 개방 정책으로 상품 및 서비스 교역과 EU 주민의 이동이 활발해지면서 특수한 언어적 요건이나 문제가 발생하게 된다.

EU 주민에게는 EU 국가 전역으로 이동할 자유가 있다. 현재 EU 전역에 걸쳐 근로자, 방문자, 여행자, 사업가 등 인구 이동이 활발하다.

모든 EU 국가에 망명자, 난민, 경제이민*economic migrants* 등 여타 이민인구 이동도 일어나고 있음은 물론이다. 일례로, 벨기에처럼 상대적으로 작은 EU 회원국만 해도 2000년 망명신청이 42,193건에 달했고, 아일랜드처럼 상대적으로 지리적 주변부에 있는 회원국에도 망명신청이 1992년의 37건에서 2000년에는 무려 10,938건으로 치솟았다. 개인이나 단체 이민 혹은 망명을 초래하는 원인은 이민대상국, 심지어 EU의 통제범위 밖에 있는 현상이다. 이민자는 예기치 않게 유입될 수 있고, 각각 유입되는 이민자 집단은 서로 다른 언어를 사용할 가능성이 있으며 이로 인해 언어 및 문화간 소통을 하는데 있어 새로운 도전과제가 제기되고 있다. 그 결과 이들은 사법에 대한 접근을 포함한 다양한 부분에서 충분한 권리를 누리지 못할 소지가 있다. 따라서, 이민자들에게 수준 높은 양질의 통번역을 제공해 공공 서비스에 대한 평등한 접근을 보장해 줌으로써 이들이 자신감과 자기존중, 신뢰를 회복할 수 있도록 도와야 할 필요성이 시급하다.

그러므로 다음과 같이 적절한 공유언어가 없거나 사법제도 및 절차에 대해 상호 이해하지 못하는 경우가 늘어나는 상황을 효과적으로 처리하기 위해, 언어간 의사소통에 있어 믿을만한 기준을 마련하는 것은 필수적이다.

- 서로 다른 언어 및 문화적 배경을 가진 **개인들**이 피고인, 목격자, 또는 피해자로 특정 EU회원국의 사법제도에 연관될 경우가 있다. 이런 상황에서 신뢰할 수 있는 의사소통이 특히 중요하다. 무엇보다도 피고인과 피해자가 언어와 문화 측면에서 양질의 지원을 받도록 하고, 자신들의 언어로 요구를 반영하며 정보를 이용할 수 있도록 보장해야 한다.

- 다수 국가의 **법체제**가 연관되어 있고 회원국 간 사법적 협력이 요구되는 경우가 있다. 국제계약, 가족법, 입양, 기업법, 책임소송, 보험 같은 민사소송, 테러, 마약밀수 같은 형사소송, 그리고 이민, 망명, 혹은 여타 난민 문제가 그 예다.

- 서로 다른 회원국 출신의 **법조인**들이 이와 같은 문제에서 공동으로 협력해야 하는 경우가 있다.

경찰, 판사, 변호사 같은 사법제도 종사자 또한 법적, 직업적 기준에 부합하는 수준에서 직무를 수행하기 위해 믿을만한 법률 통번역 서비스를 이용할 권리가 있음을 상기해야 한다.

사법과 공정한 재판에 대한 평등한 접근을 위한 유럽과 각국의 입법적 요구는 반드시 보호되어야 하며 양질의 법률 통번역 서비스는 이를 위해 필수적인 요소다. 사법적 정의와 언어 모두 양도할 수 없는 인간의 권리인 것이다.

그러나 현재 회원국에서 제공되는 법률 통번역 서비스는 종종 불완전하고 일관성이 없다. 결과적으로 법조계 종사자는 필요 언어를 구사하는 자격 있는 법률 통번역사를 구하기가 어려우므로 희망하는 수준의 서비스를 제공하지 못하고, 법률 통번역사는 업무를 훌륭히 수행하기 위해 받아야 할 양질의 전문 교육을 받지 못하고 있는 상황이다.

현재 회원국의 현 상황은 대체로 다음과 같다.

- 법조계 각 분야마다 여러 외국어를 구사하고 국내 및 국제적으로 특정 언어와 문화를 오가며 일한 경험이 많은 엘리트 층이 존재

- 엘리트 층 이외에, 주로 업무상 여러 언어와 문화를 오가며 일하면서 다양한 전문지식을 갖추었을지 모르나 정식으로 교육받거나 인정받거나 조직화되지 않은 보다 두터운 층이 존재

- 교육, 자격, 실무, 업무 조정 기준이 회원국 간, 혹은 심지어 회원국 내에서도 서로 다른 상황에서 활동하는 법률 통번역사들이 존재

- 회원국의 법률 통번역사 수가 부족하며 언어도 다양하지 않음

• 24시간 접근이 가능하고, 구속력 있는 행동규범을 담고 있으며, 국내 및 국제적으로 통용되고 인정 받는 법률 통번역사 중앙 등록명부가 없음

• 실무를 위한 분야간 지침에 있어 명확성과 일관성이 부족함

이렇게 일관성이 부족하고 불완전한 상황에서는 EU 회원국 공동의 사법적 협력과 사법에 대한 평등한 접근성 확보에 차질을 빚게 된다. 공조가 원활히 이루어지지 않고, 민사 및 형사 사법 제도에서 갈수록 많이 요구되는 다언어 관련 업무를 효과적으로 처리하는 데 있어 필요한 점진적 단계를 계획하지 못하므로 기존자원 및 잠재자원을 낭비하고 있다.

앞서 언급했듯 언어 및 문화를 초월한 사법에 대한 평등한 접근의 기본 원칙의 필요성은 정도의 차이는 있지만 모든 EU 국가에 존재한다. 이런 현 상황을 개선하는 데 일조하는 것이 바로 그로티우스 프로젝트의 목적이다.

2. 그로티우스 프로젝트 98/GR/131

본 프로젝트는 법률 통번역에서 국제적으로 일관성이 있는 최고의 모범실무 기준과 등가성의 정립을 목적으로 한다.

위 목적 달성을 위해 다음 특징을 지닌 핵심 권고안 제시를 목표로 한다.

- 주요 필수 요소를 개별적으로 모두 다루는 권고안
- 각 회원국에서 채택할 경우, EU 전역에 적용되는 보편적인 기준의 기초가 될 교육과 실무 기준에 대한 최소한의 기준을 담고 있는 권고안
- 최소 권고 기준을 이미 충족시킨 경우 단순히 점검표로 사용할 수 있는 권고안
- 자격을 갖춘 법률 통번역사를 위한 국가 시스템 마련의 초기나 중간 단계에서 지침으로 사용할 수 있는 권고안
- 차후 발전을 위한 토대를 제공하는 권고안

다음을 위해 기준과 원칙에 있어 등가성을 확보하는 것이 목표다.

- 기본적으로 능력의 기준은 동일하지만, 당사자주의체제*adversarial system*보다 규문(직권)주의체제*inquisitorial system*에서는 통역보다는 번역 기술이 더 필요하므로 이 경우 평가 대상 능력의 종류는 다를 수 있다.
- 전반적인 과정 설계는 동일하지만 교육이 실제 이루어지는 교육체계는 다를 수 있다.

• 실무 원칙은 동일하지만 각국의 사법 절차 등에 맞춰 조정된다.

한편 이 같은 국가별 변수를 고려하더라도, 사법에 대한 접근성의 개선에 있어 보편적인 기준 및 원칙이 가지는 이점에는 의심의 여지가 없다. 이는 다음과 같다.

• 회원국 내 법률 통번역의 최저 기준 및 실무를 보장한다.

• 통번역사는 전공 언어(예를 들어 스페인어와 영어)에 해당하는 양국에서 일할 수 있고 그 과정에서 전문지식을 쌓고 경력을 개발할 수 있다.

• 통번역사가 동일한 국제 사건이나 프로젝트를 맡음으로써 일관성을 확보할 수 있다.

• 교육자료, 전문용어 등과 같은 전문지식이 공유, 확대된다.

• 서로 다른 EU회원국과 후보국의 사법제도 간 협력을 증진한다.

다시 말해, 의도하는 실제적 성과는 다음과 같다.

• EU 전역에 교육, 평가 및 실무 기준을 동등하게 충족하는 법률 통번역사가 배출된다.

• 법률 통번역사의 고용과 평가에 대한 지침이 마련되어 기본적 전문성에 대한 공인된 표준이 제공된다.

• 법률 통번역 교육과정 요강 및 법률 통번역사 교육과정의 시범운영과 평가에 대한 세부적 권고안이 마련된다. 그런 교육과정에 필요한 교육자료의 예는 다음과 같다.

• 행동규범 및 모범실무 모델
• 업무 처리 지침
• 국가 등록명부 모델
• 통번역사와 법조계 종사자 간 협력을 위한 지침.

이런 성과를 통해 사법적 협력 증진뿐만 아니라 사법에 대한 일반의 평등한 접근을 확보할 수 있고 사법제도 자체의 질을 제고 할 수 있을 것이다.

본 프로젝트는 법률 통번역 기준과 관련해 성과를 내고, 아래에 제시되 요소들을 기반으로 등가성을 정립하는 데 목적을 둔 벨기에, 영국, 덴마크, 스페인 간 협력 프로젝트이다.

• 선발, 교육, 평가 기준
• 윤리, 행동규범, 모범실무 기준
• 통번역사와 법률 서비스 종사자 간 분야간 협력관련 지침

본 프로젝트는 세계 최고의 실무수준을 확립하기 위해 기존 시스템을 중심으로 살펴보았으며 목표 달성을 위해 다음 세 단계로 구성된 접근방식을 취했다.

1) 예비 단계

분야간국가위원회*Interdisciplinary National Committees*가 벨기에, 영국, 덴마크, 스페인 4개국에 설립되었고 회원 중에는 법률 통번역사뿐 아니라 법조계 출신도 있었다. 위원회의 업무는 정보 수집이었으며, 이렇게 수집한 자료와 분석정보는 논의의 토대가 되었다.

2) 발전 단계

세 차례의 회의와 두 차례의 세미나가 열렸다.

1차 회의는 1999년 2월 19~21일 영국 케임브리지에서 열렸다. 법률 통번역사의 프로필을 정의하는 데서 출발해 이들의 선발, 교육, 평가와 자격조건을 충족시키고 이행하는 데 필요한 지속적인 전문성 개발 문제로 돌아가자는 데 합의했다.

주요 논의 주제는 다음과 같다.

- 언어능력의 네 가지 수준, 즉,
  - 갑작스러운 새로운 이민인구의 유입이나 대규모 재앙과 같이 예상치 못했거나 긴박한 상황에 대처하기 위한 '긴급' 모델
  - 법률 통번역의 질을 보장해주는 초기 전문직 수준의 디플로마나 학사학위 과정 프로그램
  - 언어의 범위와 실력을 높이고, 인지 및 전문 기술을 개선, 확대하는 대학원이나 석사 수준 프로그램으로 디플로마나 학사학위 과정 합격 후 참여 가능한 프로그램

– 법률 통번역사가 새로운 기술을 특화 및 연마하고, 해당 전문 분야에서 최신의 지식을 갖출 수 있도록 있어 자격 취득 후에 진행되는 전문가 계속교육(CPD) 과정

- 다양한 평가 방법

2차 회의는 1999년 5월 7~9일에 **스페인 말라가 대학***University of Malaga*에서 열렸다. 이 회의에서는 다음 사항을 논의하고 구체화했다.

- 교육과정
- 선발기준 및 교육
- 평가 전략에 대한 추가적 분석
- 교육자료
- 행동규범과 모범실무
- 국가 등록명부
- 업무 조정

3차 회의는 1999년 12월 4일 **덴마크의 한델슈콜란 오르후스 대학교** *Handelshoejskolen i Aarhus*에서 열렸으며 다음 사항을 논의했다.

- 평가, 행동규범, 모범실무 시스템의 완성
- 관련 교육자료의 공유와 등록명부

그 외에 **세미나**도 두 차례 열렸다.

1999년 9월 16~19일 영국 **런던**에서 열린 **수석 법률 통번역사와 유**

능한 트레이너를 위한 **1차 세미나**에서는 법률 통번역사 선발, 교육, 평가 및 실무의 공동 기준 개발에 대한 논의와 평가가 이루어졌다.

2000년 3월 16~18일 벨기에 **브뤼셀과 앤트워프**에서 열린 **2차 세미나**에서는 **법률 통번역사와 기관간 업무 조정**에 대해 논의했고, 다음을 위한 요건을 살펴보았다.

- 법률 통번역사와 효과적으로 협력하고, 이들을 통해 의사소통 할 수 있다.
- 서로 다른 언어와 문화를 가진 사람들의 요구를 충족시킨다. 즉, EU 회원국 내 법률 통번역에 관한 법 조항을 분석하고, 분석을 권고하는 등 필요한 조직적 틀을 갖춘다.
- 서로의 역할, 전문성, 직업규범을 인정하고 지원할 분야간 협력모델을 마련한다.
- 업무처리, 특히 사법부 내 통번역사의 지위와 배치 문제를 해결한다.

이 과정에서 포함되어야 할 사법분야에는 사법부, 법무부, 판사, 법원, 변호사, 검찰, 사무변호사, 법원행정관, 관련 공무원 및 경찰, 보호감찰국, 교도소, 중재기관, 이민국이 있다.

법조계는 각 회원국간 통용되는 기준에 부합하는 자격을 갖춘 신뢰할만한 법률 통번역사의 필요성을 인식했다.

법조계는 또한 법률 통번역사의 교육 및 분야간 실무와 직무 조정에 기여할 필요성도 인식하고 있었다.

3) 보급 단계

본 프로젝트는 회의와 세미나의 성과와 권고사항을 다음과 같이 적절하고 다양한 형태로 이용 가능하도록 할 것이다.

- 도서, 팜플렛, 등록명부, 디스켓, 인터넷 등
- 국내 및 유럽 언론
- 공공서비스기관, 통번역 교육기관, 정부, 유럽 기관 등 여타 기관과 교류
- 회의와 행사

양질의 법률 통번역이 중요한 이유는 분명하다. 물론, EU에서 이 문제가 철저하고 충분하게 논의 되지 못한 데에는 복잡 다단한 이유가 있다.

그러나 개인과 국가의 근원적 자유를 보호하고, 탐페레 정상회담에서 제시된 바와 같이 새 천년 유럽의 핵심 역할을 할 것으로 기대되는 사법제도를 실현하기 위해서는, 언어와 문화를 초월해 그야말로 최고의 기준을 만족하는 서비스가 요구된다.

안보와 사법 없이는 유럽 내 기본권은 있을 수 없고, 이주나 주거 확장의 자유도 있을 수 없다. 사법은 반드시 보호, 보장되어야 하며,

언어가 양도할 수 없는 인간의 권리로서 뿐만 아니라 유럽 내 '정의의 영역*Area of Justice*'의 주춧돌로서 그 중요성 관련 인식이 커지고 있으므로 본 프로젝트가 필요한 것이다.

3. 협력 국가 소개

각국의 서로 다른 사법상황과 관련 규제를 모두 자세히 논의하기는 불가능하지만 몇 가지 개론적 수준의 설명은 유용할 수 있다.

모든 EU회원국은 1950년 유럽인권협약의 요건을 충족하기 위해 경찰, 검찰당국이나 법원에서 사용하는 언어를 전혀 또는 충분히 구사하지 못하는 사람에게 무료로 통역사를 제공해야 한다.

소송절차의 모든 단계에서 통역사 제공이 보장되어야 한다. 일부 국가에서는 피의자나 피고인이 요청할 경우에만 통역사를 제공하고 있다.

통번역사는 공인 자격이나 공식 지위가 없다. 대부분은 '서약*sworn*' 번역사, '법정*court*' 또는 '법률통역사*legal*' '인증된*certified*' 혹은 '허가된*authorized*' 통번역사로 자격심사, 교육, 전문역량평가를 받지 않고 활동하고 있다. '법정' 또는 '법률' 통번역사의 법적 정의가 항상 존재하는 것은 아니다. 사실, 일반적으로 법적 정의는 존재하지 않는다. 또한, 법률 통번역사의 자격심사, 최소 언어실력 측정을 위해 각 EU 회원국에서 사용하는 시스템이 모두 다르다.

대부분 국가에서 법률 통번역사가 되려면 학사 학위 및/또는 최소한의 실무경험만 있으면 된다. 그러나 학사 수준이나 심지어 초기 전문직 수준의 자격요건을 법률 통번역사에게 요구하는 것이 불가능한 언어도 많다. 예를 들어 일부 언어는 심지어 모국에서도 제대로 교육이 이루어지지 않고 있다.

국가간 소송 및 망명 절차에서 유능한 통번역사는 꼭 필요하며 때로는 상황이 매우 급할 수도 있는데, 관련 기관은 안타깝게도 제대로 된 전문교육을 받지 못한 사람에게 의존해야 하는 것이 현실이다.

법률 통번역사에게 해당 언어가 사용되는 국가의 언어와 사법제도에 대한 지식을 의무적으로 요구하는 곳은 단지 오스트리아, 스웨덴, 영국 등 3개국 뿐이며, 극히 최근에 이를 의무화한 벨기에 앤트워프의 튀른호트*Turnhout* 사법구역이 포함된다. 법률 통번역사는 업무를 훌륭히 수행하기 위해 관련 조직, 절차, 전문용어 등 해당 법체제에 대해 충분한 지식을 갖추어야 한다.

대부분 국가에는 법률 통번역사 '명단'이 있다. 이 명단은 국가차원, 지역차원 등 다양한 차원에서 작성된다. 법원에서 보통 명단을 작성(벨기에)하고 때로는 국가감독을 받는 국가 협회나 기구에서 작성(스페인)하거나 전문언어기구와 사법제도간 협정을 통해 작성(영국과 웨일스)하기도 한다. 덴마크의 경우 덴마크 경찰위원회에서 경찰 및 법원에서 활동하는 통역사의 허가를 담당한다. 그러나 이제 유럽 각국은 자격을 갖춘 법률 통번역사 등록에 관심을 가져야 한다.

1) 벨기에

벨기에에는 세 개 공식언어와 네 개 언어권(브뤼셀은 2개 언어사용)이 있어서 법정에서의 언어 소통이 늘 골치 아픈 문제였다.[1] 그뿐만이 아니었다. 1999년 말경 앤트워프 교도소에서 교도소 당국은 무려 45개 언어에 대처해야 했다. 벨기에의 망명·이민국에는 130~140가지 언어에 대한 통역수요가 있다.

벨기에 헌법은 언어 사용의 자유를 명시하고 있다. 이 자유는 공공행정 조치나 법정에서 특히 요구될 경우에만 법으로 제한할 수 있다. 사법 절차 중 언어 사용에 관해 1935년 특별 '언어법'이 제정되었다. 기본적인 원칙은 법원이 속한 영토의 언어가 법정에서 사용되는 것이다. 그러나 법정에 서는 모든 시민에게는 언어 선택의 자유가 있다. 당사자에게 언어 선택 기회가 주어졌음을 공문서에 명기해야 하며 이를 어길 시 재판은 무효가 된다.

통역사는 최초 심문부터 법원 출두까지 형사 절차의 모든 단계에 참여해야 한다. 법정에서 조사 및 선고를 받을 때뿐만 아니라 예비조사와 조사 자체가 이루어지는 동안 모든 심문에서 피고인은 모든 진술과 선서증언 시 자신의 언어를 사용할 권리가 있다. 형사 소송의 원고측에도, 목격자에게도 동일한 권리가 있다. 답변서는 해당 법원에서 사용하는 언어로 작성된다. 단, 예외적인 경우 다른 언어 사용이 허용된다.

민사 소송에서는 원고나 피고가 통번역 비용을 직접 부담해야 한다.

과거에는 형사 소송뿐 아니라 모든 법률 구조 소송에서 통번역 비용을 당사자가 부담해야 했지만, 1998년부터 변호인과 의뢰인은 변호 준비 시 국가에서 지원해주는 통역서비스를 3시간까지 이용할 수 있게 되었다. 이 법은 또한 난민과 이민자 권리 관련 소송에서 대부분 적용된다.

민사 및 상사 법원에서 법정에 출석한 당사자들은 질의나 변론 시 해당국의 공식 언어가 아닌 자신이 선호하는 언어를 선택할 수 있다. 판사가 통역이 필요하다고 판단하면 그 비용은 소송 당사자가 부담한다.

'서약통역사*sworn interpreters*' 명단은 보통 1심 법원에서 보관한다. 명단은 검찰청과 논의해 법원장이 작성한다. 지금까지 통역사의 자격요건을 실제로 확인한 경우는 몇 차례 없었다. 아직 국가차원의 자격부여나 등록 시스템이 없다.

각 법원에서는 치안판사*magistrates*가 통역사 채용 및 인증 시스템을 마련했다. 정립된 절차가 없어 각 법원과 경찰부서는 자체적으로 규제 절차를 개발했지만 이들간에는 많은 유사점이 있다.

사실 법률 통번역사뿐 아니라 통번역사 국가 등록시스템 자체가 존재하지 않는다. 번역사나 통역사라는 직함은 법적 보호를 받지 못한다. 여전히 이들의 업무 환경에 관한 지침도 없다. 통번역사에 대한 법이나 공식법령도 없다. 단지 각 법원과 망명관련 행정당국에 준공식적 지역 명단이 있을 뿐이다.

현재 벨기에 법에 통번역사의 자질 관련 요건은 제시되어 있지 않다. 그러므로 통번역사 지망생들에게 자질 평가라는 것은 결국 건전한 행동과 전과기록 유무 등 '도덕성'의 평가로 귀결된다. 이들은 또한 해당 언어실력을 입증하는 학위나 자격증을 제출해야 한다. 그러나 대부분 법원에서는 모국어와 외국어 실력을 체계적으로 조사 또는 심사하지 않는다. 사법 제도에 대한 지식도 요구하지 않는다. 예외적으로, 주로 번역사 채용 시에 필기시험을 실시하기도 한다. 널리 쓰이고 잘 알려진 언어의 경우 법원은 학사 학위 이상의 높은 학력을 지닌 졸업생을 선호할 것이다. 반면 생소한 언어의 경우 높은 수준을 요구하기는 불가능할 것이며, 따라서 그런 언어에 있어 통번역사의 자질과 신뢰성에 대해서는 전혀 알 길이 없다.

통역사는 새로운 소송 절차가 시작될 때마다 법정에서 선서를 해야 한다. 중죄법원*Court d'Assises*의 경우 통역사는 최소 21세 이상이어야 한다.

앞으로 공식 국가 등록시스템이 마련되어야 한다. 2000년 9월 앤트워프에서 열린 그로티우스 프로젝트 회의에서는 전문적이고 훌륭한 자격을 갖춘 법률 통번역사를 양성하기 위한 두 개 시범 프로젝트(독일어, 불어 대상)의 시작을 알렸다. 시범 프로젝트는 본 그로티우스 프로젝트와 킹 보두앵*King Baudouin* 프로젝트의 결과물로, 사법부의 지원을 받아 이루어진 것이다.

2001년부터 앤트워프 법원에서는 통번역사 지망생이 교과 과정에 입학하기 전 이들의 독일어와 외국어 실력을 테스트하고 있다. 교과 과정에는 사법절차와 조직, 경찰조직 및 심문 기술, 독일어와 외국어 수업, 법률 통번역, 행동규범, 전문실무가 있는데 지망생들은 이 모든 과정을 거치고 최종 시험을 치른 후 '공인' 혹은 '서약' 법률 통번역사가 될 수 있다.

망명 절차 진행 시 난민·이재민청*Commissioner-General for Refugees and Displaced Persons*, 외무부*Administration of Alien Affairs*, 난민 상설 항고위원회*Permanent Appeal Commission for Refugees* 등 관련 기관 모두가 매일 많은 통역사를 이용한다. 기관마다 주로 이용하는 프리랜서 통역사 풀이 있다. 행정부는 독자적인 행동규범을 마련하는 중이다. 현재로서는 교육, 직업행동규범, 자질평가 등에 관한 명확한 요건이 없는 실정이다.

2) 스페인

스페인 헌법, 사법제도규제법, 형사소송법, 헌법재판소의 판례법은 사법 절차상 사용되는 언어를 이해하지 못하는 형사피고인을 위해 각 소송절차 단계에서 무료 통역을 제공하는 조항을 두고 있다. 또한 스페인 국민은 여러 공식 언어 중 하나를 사용할 때 통역사의 도움을 받을 권리를 가지고 있다.

현재 법률 통번역사를 평가하고 인증하기 위한 다양한 대책이 추진 중에 있다.

대도시의 많은 법원에서는 여러 언어를 구사하는 인하우스 통역사를 두고 있다. 즉 통역사도 공식 직원인 것이다.

법무부장관은 법률이 정하는 바에 따라 통역사와 재판 절차의 모든 단계에서 필요한 모든 문서의 번역을 제공할 의무가 있다.

원칙적으로 외교부는 통번역사의 인증을 통해 통역 능력 기준을 설정할 의무가 있다.[2] 법원 통역 직원은 사법부에서 준비하는 두 개의 번역 시험과 스페인 법에 관한 일반 지식 시험을 친다. 그러나 구술 시험은 없다. 마드리드 같은 일부 도시에는 법률문서 번역 등 필기시험과 구술시험으로 이루어진 서약통역사 시험이 있다.

까딸루냐(스페인 북동부 지방)에서는 까딸루냐 주정부*Generalitat de Catalunya*의 언어정책국*Direcció General de Política Lingüística*이 법률 통번역사 시험을 주관하고 있다. 까딸루냐 주정부와 스페인 외무부*Ministerio de Asuntos Exteriores*의 통역사무국*Office of Interpretation and Languages* 두 곳에서 서약통역사를 인증한다.

통번역사는 스페인 외무부와 까딸루냐 주정부의 등록 명부나 지역 법률 학회 주소록에 보관된 명단에 등록되어 있으며 이를 통해 연락 가능하다.

지방에 지부를 두고 있는 전국서약통역사협회*National Association of Sworn Interpreters*는 공공협회의 성격을 띠고 있다. 회원 가입 시 공식적 자격요건을 반드시 갖추어야 할 필요가 없다.

3) 덴마크

덴마크 법원에서 사용하는 언어는 덴마크어다. 통역사의 임명에 관해서는 덴마크사법행정법*Danish Administration of Justice Act*의 제149조에 규정되어 있다.[3)]

제1항에서는 덴마크어를 완벽히 구사하지 못하는 사람을 심문할 때는 최대한 인증 받은 통역사의 도움을 받도록 해야 한다. 단, 민사 소송에서 양측이 요구하지 않고 충분한 외국어 능력을 갖췄다고 법원이 판단하면 통역사를 임명할 필요가 없다. 형사소송에서도 고등법원의 심리를 받는 사람을 제외하고는 전술한 예외가 동일하게 적용된다고 명시하고 있다.

따라서 통역사의 임명은 항상 의무적인 것은 아니지만 보통 형사 소송의 모든 단계에서 요구된다. 또한 경찰은 심문 상황에서 통역사를 요청한다. 형사 소송에서 덴마크 법원은 판사가 소송과 관련이 있다고 판단한 증거 자료의 번역 및 통역을 준비하고 그 비용을 부담한다. 민사 소송에서는 원고나 피고가 비용을 부담해야 한다.

북유럽 시민에게는 통번역 서비스에 대해 구체적으로 명시된 권리가 있다. 이 권리는 제149조의 제3, 4항과 1981년 북유럽 언어 협약*Den Nordiske Sprogkonvention*에 명시되어 있다. 법무부에서 발간한 <덴마크에서 통역사 쓰기*How to use an Interpreter in Denmark*> 라는 소책자는 협약 적용에 대한 지침과 통역사의 자격요건과 통역의 올바른 이용법에 대해 기술한다.

윤리 문제 또한 1994년 발간된 통역사 지침*Instructions for Interpreters*, 그리고 통역사 채용과 통역서비스 제공을 위한 전반적 절차를 제시하는 선언문*Proclamation* (*Kundgoerelse I, No. 11,* 1994년 1월 1일)에 첨부된 일련의 규칙에서 규정하고 있다.

<덴마크에서 통역사 쓰기>와 위 자료에서는 정확성, 완성도, 공정성, 비밀보장, 이해상충을 다루고 있다.

전술했듯 덴마크사법행정법*Danish Administration of Justice Act*의 제149조에서는 '공인된' 통역사만이 법정에서 활동할 수 있도록 규정하고 있다. '공인된' 통역사의 요건은 25세 이상의 덴마크 국적자인 동시에 거주자로 소유재산이 법적 보호 대상이 아니어야 하며 '공인' 시험을 통과한 자여야 한다. 덴마크 비즈니스 스쿨(사용언어: 영어, 스페인어, 불어, 독일어, 이탈리아어)에서 교육 및 시험을 담당하고 있다. 실제 '공인' 즉 '국가에서 공인하는 통번역사'는 덴마크 산업부 소속 덴마크 기업청*Danish Commerce and Companies Agency*에서 자격을 부여한다. 덴마크 경찰과 사법당국은 그 외 다른 언어에 대해서는 공인되지 않은 통역사를 사용할 수 밖에 없는 상황이다.

앞서 언급한 선언문에서는 경찰과 법원에서 활동하는 모든 통역사는 통역사 공식 명단을 보유하고 있는 덴마크전국경찰위원회*National Commission of the Danish Police*의 허가를 받도록 명시하고 있다. '공인된' 통역사는 자동으로 공식 명단에 등재되는 반면 나머지 통역사는 덴마크어 실력을 측정하는 구술시험을 통과해야 한다.

모든 통역사는 프리랜서 자격으로만 채용된다.

덴마크 통역사의 급여 수준은 다음과 같다.

- 공인된 통역사와 특정 외국어 학사 학위 취득자나 그에 상응하는 학력의 소유자가 최고 수준의 급여를 받는다.
- 시험을 통과해 공식 명단에 오른 통역사는 더 낮은 급여를 받으며 최고수준의 약 50% 수준의 급여를 받는다.

4) 영국

체포 시 여러 언어로 작성된 문서를 통해 피의자의 권리에 대해 고지하는데, 필요할 경우 1984년 경찰형사증거법*Police and Criminal Evidence Act* 및 유럽인권협약*ECHR*의 제5조에 따라 통역사가 임명된다.

1981년, 언어 전문 비영리기구이자 연구 기관인 언어학자연구소*Institute of Linguists*(IOL)에서는 공공 서비스 부문에 자격을 갖춘 통번역사의 공급이 부족하다며 우려하는 이들이 많았다. 1983년부터 1990년까지 IOL은 너필드 재단*Nuffield Foundation*의 후원을 받아 모델을 개발했고, 1991년부터 1996년까지 재단에서 이를 국가 차원으로 발전시켰다. 1994년 IOL은 공공 서비스 통역사 국가 등록 시스템*National Register of Public Service Interpreters*의 설치와 관리 허가를 받았으며 NRPSI는 그 후로 국가 등록 시스템이라 불린다.

통역사 수급을 위한 다양한 기존 절차가 혼동을 일으킨다는 우려에 따라, 1997년 재판연구그룹*Trials Issues Group*(TIG)의 증인보호소

그룹*Witness Care Sub-Group*은 형사사법제도 내 수사와 소송절차에서 통역사의 참석에 관한 잉글랜드와 웨일스를 위한 국가협정*National Agreement for England and Wales*을 체결했다. TIG에는 경찰간부협회*ACPO*, 법정변호사협회*Bar Council*, 왕립검찰청*IPS*, 법원*Court Service*, 왕립국세청*HM Customs and Excise*, 내무부*Home Office*, 사법부*Judiciary*, 법원서기협회*JCS*, 법률학회*Law Society*, 대법관부*LC*, 치안판사협회*Magistrates' Association*, 피해자지원회*Victim Support*, 보호감찰관협회*ACOP*의 대표들도 회원으로 있다.

목표는 이 합의사항을 1998년 4월 1일부로 잉글랜드와 웨일스의 모든 형사 수사 및 소송절차에 포함시켜 표준 절차를 제공하는 것이었다. 잉글랜드와 웨일스에서 피의자 조사 및 형사 소송절차에 참여하는 피고와 목격자 진술 시 반드시 표준 절차를 통해 통역사를 제공해야 한다.

협정의 원칙은 다음과 같다.

- 경찰이나 여타 적법 수사 기관은 수사 시 어떤 수사단계에서든 피의자나 피고인이 경찰에 구금되어 있는 동안 이들의 필요에 따라 통역사를 고용해야 한다.

- 피고측 통역사 기용은 법원이 담당한다. 단, 피고가 기소된 지 최대 2일 후에 법정에 출두하면 통역사 기용은 경찰이나 여타 수사 기관에서 맡는다. 일반적인 경우 피고 한 명 당 한 명의 통역사가 제공되어야 한다. 통역사는 피고가 증언할 때뿐만 아니라 당일 재판 과정이 모두 끝날 때까지 피고의 통역을 위해 출석해야 한다.

- 법정에서 검찰과 피고측이 내세운 증인을 위한 통역사는 검찰과 피고측에서 담당한다.

- 통역 서비스를 이용하기 전 해당 통역사의 경찰 및 법원 소송절차 관련 경험을 확인해 보는 것이 중요하다.

- 2001년 말까지 법원과 경찰서에서 활동하는 모든 통역사를 NRPSI나 청각장애인 권리증진 및 의사소통 위원회*Council for the Advancement and Communication with Deaf People*, 수화 통역사 등록부*National Directory of Sign Language Interpreters*에서 선발하는 것이 목표이다. 한편, NRPSI나 CACDP 등록부에서 선발된 통역사는 교육 및 자질 측면에서 기준을 충족시키므로 적극 권장하는 바다. 목표는 NRPSI에서 전국 모든 언어의 통역 수요를 충당하는 것이지만 여기에는 시간이 걸린다.

- 해당언어의 희소성 등의 이유로 NRPSI나 CACDP 등록부에서 통역사를 선발하는 것이 불가능하다면 다른 명단에서 통역사를 찾아볼 수도 있다. 그러나 그런 통역사들도 학력조건이나 형사재판소에서의 활동 경력 면에 있어 최소한 명부에 등록된 통역사 기준과 동일한 기준을 만족시켜야 함은 필수이다.

- 소송절차 관련자는 가능한 한 서로 다른 통역사를 이용해야 한다. 경찰서에서 활동하거나 다른 수사기관의 수사에 참여하는 통역사는 법원에서 통역할 수 없다. 그러나 피고측에 지시사항을 통역해준 경우 법원은 판사나 치안판사의 재량에 따라 그 통역사를 동일한 피고측에 제공할 수 있다.

• 협정은 웨일스 법원이 웨일스 어 통역사를 제공해야 한다는 의무 사항이 담긴 기존 협약에 영향을 미치지 않는다.

NRPSI 에는 행동규범도 포함되어 있다.4)

4. 법적 요건

언어 및 문화를 초월한 사법에 대한 평등한 접근 원칙은 모든 EU 회원국에서 인정된다. 이 원칙은 형사 및 민사 사법제도에 모두 적용된다.

EU회원국의 법률 통번역사 제공의 필요성 혹은 의무에 대한 법적 근거는 1950년 체결된 유럽인권협약*European Convention on Human Rights*에서 찾아볼 수 있다. ECHR은 세계인권선언에 기초를 두고 있다. ECHR은 EU의 법체제 대부분에 통합되어 있다.

1) UN 세계인권선언

UN헌장(샌프란시스코회의, 1945년 6월 26일,)은 인종, 성, 언어, 종교의 차별 없이 모든 인간의 인권과 기본적 자유를 존중해야 함을 분명히 촉구하고 있다.

UN세계인권선언(유엔총회 결의안 217 1 (III), 1948년 12월 10일)은 독립적이고 공정한 재판소에서 공정한 재판과 공청회를 가질 권리를 명시한다. 그러나 이 선언은 단지 권고 수준이다.

따라서 이런 권리를 법적 효력이 있는 의무로 바꿔나가고 각국의 준수여부를 감시하는 기관을 설립하기 위해 추가적인 노력이 필요했다. 이는 시민권 및 정치적 권리*Civil and Political Rights*와 1966년 12월 19일 경제, 사회, 문화적 권리*Economic, Social and Cultural Rights*라는 두 가지 국제규약*International Covenants*의 형태로 이루어졌으며 유럽인권협약에도 관련 내용이 있다.

2) 유럽인권협약

유럽의회는 1950년 11월 4일 유럽인권협약을 통과시켰고 이는 1953년 9월 3일에 발효되었다. 이 후 12개 의정서가 추가되었다.

프랑스 스트라스부르의 유럽인권재판소는 1998년 11월 1일부터 상설화되었다. 이 국제재판소는 공식언어로 영어와 불어를 사용한다.

유럽인권협약 제5조 제2항과 제6조 제3e항에는 공정한 재판을 위한 법률 통번역에 관한 요건이 명시되어 있다. 인권재판소는 몇 가지 기념비적 판결에서 이들 조항의 적용과 해석에 대해 판결한 바 있다.

유럽인권협약 제5조
[자유와 안보에 대한 권리]

1. *누구나 개인의 자유와 안전을 누릴 권리가 있다. 아무도 자유를 박탈당해서는 안 된다. 단, 법적으로 규정된 절차 준수 시 다음의 경우는 예외로 한다.*

(a)…

2. 피고인은 누구나 자신이 이해하는 언어로 체포 이유와 기소에 대한 정보를 즉각 제공받아야 한다.

유럽인권협약 제6조
[공정한 재판에 대한 권리]

1. 민사적 권리와 의무 혹은 형사기소를 결정하는 데 있어서 누구나 합당한 시간 내에 법적으로 설립된 독립적이고 공정한 재판소에서 공정하고 공개된 심리를 받을 권리가 있다.
3. 형사피고인은 누구나 다음의 최소한의 권리를 지닌다.
  (a) 자신이 이해하는 언어로 기소의 성격과 이유에 대한 정보를 자세히 즉시 알 권리
  (e) 법원에서 사용되는 언어를 이해 또는 구사하지 못할 경우 무료 통역 지원을 받을 권리

1978년 유럽인권재판소는 뤼디케*Luedicke*, 벨카셈*Belkacem*, 코츠*Koc* 대(對) 독일정부 소송[5)]에서 무료 통역 지원에 대한 권리와 관련, 통역 비용 지급을 조건부나 일시적으로 면제 혹은 보류하는 것이 아니라 완전한 면제를 해야 한다고 결론 내렸다.

유럽인권재판소는 제6조 제3e항에서 명시하듯 법원에서 사용하는 언어를 구사 또는 이해하지 못하는 이를 위한 무료 통역 지원 권리에는 차후 발생하는 비용을 부담하지 않고 무료로 통역 지원을 받을 권리가 포함되어 있다고 결정했다.

또한, 유럽인권재판소는 제48항에서 제6조 제3e항이 보장하는 공정한 재판에 대한 권리와 관련해 법원에서 사용하는 언어를 구사 또는 이해하지 못하는 피고인의 경우 공정한 재판을 받기 위해 소송과정에서 모든 문서나 진술서의 통번역 서비스를 무료로 이용할 권리가 있다고 결론 내렸다.

1984년 외즈튀르크*Öztürk* 대 독일정부 소송[6])에서 유럽인권재판소는 제6조 제3e항의 목적상 비록 어떤 위반행위가 해당국에서 단순한 행정사범*regulatory offence*으로 간주된다 하더라도 해당 위반행위는 그 성격상 형사범이라고 판결하였다.

1989년 브로지첵*Brozicek* 대 이탈리아정부 소송[7])에서 재판소는 제6조 제3a항에서 언급된 '정보'라는 것은 피고의 실제 기소 사유 및 그에 따른 법적 분류를 모두를 포함해야 한다고 보았다. 마지막으로 유럽인권협약 제6항 제3a조에서 명시하고 있듯이 이 정보는 피고가 이해할 수 있는 언어로 제공되어야 한다.

유럽인권협약 제6조 제3e항의 통역에 대한 권리와 관련해 매우 중요한 의미를 가지는 1989년 카마진스키*Kamasinski* 대 오스트리아정부 소송[8])이 있었다.

이 소송에서 유럽인권재판소는 무료 통역 지원에 대한 권리는 심리에서 행한 구술진술뿐만 아니라 문서 자료의 번역에도 적용되며, 피고가 제반 사항을 모두 이해해 공정한 재판을 받을 수 있도록 재판 전 절차 중에도 통역을 제공해야 한다고 했다.

유럽인권재판소는 유럽인권협약의 제6조 제3e항이 문서 증거나 공식 문서의 모든 항목을 번역하도록 규정하지는 않는다고 보았다. 그러나 통역지원은 피고인이 소송에 대해 이해하고, 법정에서 본인의 시각에서 사건을 진술해 스스로를 변호할 수 있도록 충분히 이루어져야 한다.

유럽인권재판소는 또한 제6조 제3e항에서 보장하는 권리를 실제적이고 효과적으로 적용하기 위해 당국의 의무는 통역사의 임명에만 국한된 것이 아니라, 특정 상황에서 공지가 되면 제공된 통역의 질에 대해 차후 평가하는 수준까지 확대될 수 있다고 보았다.

유럽인권협약은 또한 제6조에서 형사 기소 및 민사 권리와 의무 결정에 대한 공정한 심리를 받을 권리를 명시한다. 이 조항에 따르면 형사 재판에서만 통역사를 요청해야 하며 이를 어길 시 무효가 된다. 이 조항은 재판 그 자체에만 적용된다. 재판 전 단계에서는 경관과 수사치안판사가 적절한 통역을 제공하도록 해야 한다.

법원이나 당국은 특정 상황에서 양질의 통역을 제공해야 할 의무가 있다. 법원은 통역사가 충분한 자격을 갖추었는지 여부를 확인할 의무가 있다.

유럽인권재판소는 제74항에서 다음과 같이 명시적으로 언급했다.

'제6조 제3(e)항에 명시된 무료 통역 지원을 받을 권리는 공판trial hearing 과정에서의 구두진술뿐만 아니라 기록자료 및 재판 전 절차에도 적용된다. 제3(e)항은 법원에서 사용하는 언어를 이해 또는 구사하지 못하는 '형사피고인'이 소송 절차 진행 시 형사피고인이 공정

한 재판을 받기 위해 이해 또는 번역해서 보아야 할 모든 문서나 진술서의 통번역을 무료로 지원 받을 권리가 있음을 명시하고 있다.

그러나 제3(e)항은 소송 절차 중 모든 문서 증거나 공식 문서를 번역하도록 규정하지는 않는다. 통역 지원은 피고인이 소송에 대해 이해하고 자신을 변호하며 특히 본인의 시각에서 사건을 진술해 스스로를 변호할 수 있도록 충분히 이루어져야 한다.

제3(e)항이 보장하는 권리를 실제적이고 효과적으로 적용하기 위해 당국의 의무는 통역사의 임명에만 국한된 것이 아니라, 특정 상황에서 통지가 되면 제공된 통역의 질에 대해 차후 평가하는 수준까지 확대될 수 있다.'

3) 유럽평의회*Council of Europe* 권고안

유럽평의회의 각료위원회 결의안 (78)8은 법률지원 및 상담에 관해 규정한 제3조에서, 법률지원 서비스 제공 시 서비스 이용자가 본인의 법적 권리를 변호하는 데 드는 제반 비용, 특히 변호사 수임료, 전문가 상담료, 목격자 및 번역사 관련 비용 전액을 부담할 것을 권고한다.

유럽평의회 각료위원회의 사법에 대한 접근을 용이하게 하기 위한 대책을 다루고 있는 권고안 N° R(81)7은 민사, 상업, 행정, 사회, 재정 문제에 적용된다. 이 권고안에 따르면 국가는 통번역 문제에 특별한 관심을 기울여야 하고 경제적으로 어려운 사람들이 법원에서 사용하는 언어를 구사 또는 이해하지 못해 법원 접근이나 소송 절차 과정에 있어 불이익을 받지 않도록 만전을 기해야 한다.

법률구조 신청 관련 유럽 협정 *The European Agreement of the Transmission of Applications for Legal Aid*은 1977년 1월 27일 **유럽평의회** 회원국이 서명했고, 장기해외거주자의 민사, 상사, 행정 문제에 대한 법률지원 서비스 제공에 대한 신청에 대해 명시하고 있다.

권고안 설명제안서는 '법원에서 사용하는 언어를 이해하지 못하는 것은 사법 접근에 심각한 장애물이다. 그러므로 국가는 이런 상황을 개선하기 위해 조치를 취해야 한다.'라고 명시하고 있다.

심리 중 통역 지원을 제공해야 할 뿐만 아니라, 문서 번역 지원 이용에 대한 정보 또한 제공되어야 한다.

정보 제공 담당자는 법원에서 사용하는 언어를 충분히 이해하지 못하고 양쪽 언어를 아는 제3자를 동반하지 않은 사람이 최대한 통역 서비스의 도움을 받을 수 있도록 해야 한다.

절차에 관한 정보를 담고 있는 문서의 외국어 번역본을 준비하는 것 또한 도움이 될 것이다.

본 규정은 궁극적으로 누가 통번역 비용을 부담해야 하는지 명시하고 있지 않다. 그렇다 하더라도 그런 비용의 발생으로 인해 누군가 법정에서 자신의 권리를 주장 또는 변호하지 못하는 상황이 발생하지 않도록 가능한 모든 노력이 행해져야 한다. 이런 맥락에서 1978년 3월 2일에 각료위원회가 채택한 법률구조 및 상담에 관한 결의안 (78)8의 내용을 살펴볼 필요가 있다. 이 결의안은 특히 법률구조 서비스 비용에 통역비용을 포함시킬 것을 권고하고 있다.

유럽평의회 권고안 N°R(97)6은 이 협정의 실제적 적용 개선을 목적으로 하며 회원국이 가능한 한 의뢰인이 이해하는 언어를 구사하는 변호인을 제공할 것을 권한다.

2000년 11월 3~4일 로마에서 유럽인권협약 50주년을 기념해 열린 **인권에 관한 유럽평의회 인권관련각료회의**T*he Ministerial Conference on Human Rights*에서 두 가지 결의안을 채택했다.

결의안 I은 회원국에서는 유럽인권협약 이행을 개선할 필요성을 강조한다. 반면, 제14조 제3항은 회원국이 유럽인권협약의 본문을 번역해 법원을 비롯한 관련 당국에 배치하고, 유럽인권재판소 판례법의 축적 내용을 해당국의 공용어로 접근 가능하도록 규정하고 있다.

결의안 II는 고문, 집단 강간, 사법관할외적처형(적법절차에 의하지 않은 불법처형)과 같은 심각한 대규모 인권유린에 대한 유럽평의회의 대응 효율성을 높일 구체적 대안을 열거한다. 결의안은 국적, 민족적, 문화적 기원, 언어, 종교, 소수집단 소속 여부에 따라 이민자, 난민, 무국적자, 망명자를 차별하는 행위가 반복되는 실태를 지적한다.

4) EU 정상회의*European Council* (1999년 10월 15~16일 핀란드 탐페레)

1999년 10월 15~16일 핀란드 탐페레에서 열린 EU 정상회의에서 채택한 결의안의 다양한 의무사항을 고려할 때, 법률 통번역은 민사, 상사, 행정, 형사법, 난민 및 망명 절차 등 사법 제반 분야에서 중요성이 높아졌다.

이 회의는 경제적 사회적 유럽에 이어 정의의 유럽을 건설하기 위한 암스테르담 조약에 명시된 '자유, 안보, 정의'의 원칙을 이행하는 원대한 임무를 맡게 되었다.

형사 사법 영역의 협력 모범과 관련 탐페레 회담 결과 3가지 주요 분야가 선정되었다.

- **사법 접근.** 여기에는 형사피고인이 기소에 대한 올바르고 정확한 정보를 제공받도록 하는 피고인의 권리와 피해자의 지원, 사법제도 종사자가 의견을 반영하고 그들의 언어로 정보를 받도록 하는 방안까지 포함될 것이다.

- **상호 인정.** 조사 및 재판 전 단계, 최종 판결, 심문, 본국송환 등에 있어서 사법 결정을 상호 인정하는 것이다. 양질의 통번역 보장을 포함한 절차 진행 방식에 있어 다른 회원국에 대해 완전한 상호 신뢰를 가지고 있다면 이는 분명 가능할 수 있다.

- **공조.** 용어 및 개념의 정의*definition*와 규제의 일원화를 포함해 경찰과 사법당국, 정보와 소송절차의 집중을 의미한다.

결국 서로를 이해하지 못하고서는 효과적으로 협력하지 못하므로, 이 모든 사안과 분야에서 법률 통번역은 핵심적인 역할을 한다.

5) EU 기본권헌장

전술한 여러 규정은 EU 기본권헌장에서 한층 강화된다. 1999년

EU 정부간회의에서 독일이 발의하고 2000년 니스 정상회의에서 EU 정상회의가 선언한 이 헌장은 EU 시민권 원칙이 여전히 매우 약하고 모호하다는 현 마스트리히트 조약*Maastricht Treaty*의 약점을 다루고 있다.

EU시민권은 그 자체만으로도 분명 EU의 관심 사안이지만, 민주주의, 시민 자유와 정의 원칙은 EU 규모가 확대됨에 따라 특히 그 중요성이 커졌다.

총 7장 54조로 구성된 EU 기본권헌장은 EU 법 적용을 받는 EU 회원국의 기본권 존중을 부여하고 증명하는 증서이다.[9)]

본 프로젝트의 목적에 관련된 조항은 제20조(모두는 법 앞에 평등하다), 21조(언어 등 어떤 사유에서 어떤 형태의 차별이라도 금지된다), 22조(EU는 문화, 종교, 언어적 다양성을 존중해야 한다), 포괄조항 47조(공정한 재판에 대한 권리)이다.

유럽인권협약과 유사하게 EU기본권헌장은 유럽인권협약 적용을 받는, 또한 탐페레 정상회담에서 다루었던 모든 측면에서 회원국의 사법제도에 근본적인 영향을 미칠 것이다.

한편으로는 헌장을 통해 유럽인권협약이 EU법으로 통합될 것이므로 일관성을 더욱 높이고 EU와 유럽인권재판소 간(특히 스트라스부르의 유럽인권재판소와 룩셈부르크의 유럽사법재판소 간) 불확실한 관계를 극복해야 한다고 주장할 수도 있다. 사실상 헌장을 채택함으로써 기본권 준수 의무는 더 이상 회원국가와 각 국의 사법제도에 속하는 것이 아니라 EU에 귀속됨을 확실히 해 두어야 한다. 그러므로 헌장이 유럽조약의정서로 완전히 인정되면, 이는 당사자가 이해하는 언어를 사용할 권리, 그 언어로 정보를 알 권리 등 법에 대한 평등한 접근 원칙을 기술하는 또 다른 주요 문서가 될 것이다.

6) 기타 국제 문서

그 외 법률 통번역을 다루는 국제 문서가 있다.

1966년 12월 19일 유엔 **시민과정치적권리관련국제규약** *The International Covenant on Civil and Political Rights*

본 규약 제14조는 다음과 같이 명시하고 있다.

> *1. 법정에서 모든 인간은 평등하다.*
>
> *…*
>
> *3. 모든 인간은 형사적 책임의 존재 여부 판단 시 다음의 최소한의 권리를 동등하게 보장받는다.*
>
> *(a) 기소 특징과 원인을 당사자가 이해하는 언어로 즉시 자세하게 통지받는다.*
>
> *(b) 변호 준비에 필요한 충분한 시간과 시설을 이용하고 선택한 변호인과 의사 소통한다.*
>
> *(f) 법원에서 사용되는 언어를 이해 또는 구사하지 못할 경우 무료 통번역 서비스를 이용할 권리를 가진다.*

1989년 11월 20일 유엔아동권리협약*The Convention on the Rights of the Child*

본 협약 제40조는 다음과 같이 명시하고 있다.

당사국은 형사피의자나 형사피고인 또는 유죄혐의 혹은 유죄로 인정받은 모든 아동에 대한 처리에 있어 아동의 존엄성과 가치를 고양하고, 아동이 인권과 타인의 기본적 자유를 존중하도록 하며, 아동의 연령과 아동의 바람직한 재활 추진과 아동의 사회 내 건설적 역할 담당을 고려하는 방식을 취해야 한다.

2. 이를 위해 국제문서의 관련규정과 관련해 당사국은 특히 다음 사항을 보장해야 한다.

(a) …

(b) 형사피의자 또는 형사피고인이 된 모든 아동은 최소한 다음사항을 보장 받는다.

…

(vi) 아동이 사용되는 언어를 이해 또는 구사하지 못할 경우 무료 통역 지원을 받는다.

1998년, 모든 형태의 억류 혹은 구금 상태에 있는 모든 사람의 보호를 위한 원칙에 대한 유엔총회 결의안*Resolution of the General Assembly of the United Nations on the Principles for the protection of all persons under any form of detention of imprisonment, 1998*

본 결의안의 원칙 12는 체포 및 구금 상황 기록을 위한 상세 요건과 피의자와 피의자의 법적 대표인에게 해당 기록을 이해시킬 의무를 명시하고 있다.

모든 형태의 억류 혹은 구금 상태에 있는 모든 사람의 보호를 위한 원칙*Body of Principles for the Protection of All Persons under any form of detention or imprisonment*

원칙 14와 1988년 **유엔총회**에서 채택한 43/173결의안의 관련 원칙에 따르면 피의자의 체포, 구금 혹은 수감을 담당하는 당국이 사용하는 언어를 피의자가 충분히 이해 또는 구사하지 못할 경우, 피의자는 즉시 피의자가 이해하는 언어로 원칙 N° 10, 11/2, 12/1, 13에 명시된 정보를 제공받고 필요할 경우 체포 후 발생하는 법적 소송절차와 관련해 무료 통역 지원을 받을 권리가 있다.

1) 1997년 1999년 Vanden Bosch, Yolanda, 2000년 Hertog, E. and Y. Vanden Bosch, 2000년 De Juristenkrant의 F. Voets, 'Gerechtstolken krijgen eindelijk erkenning' (nr.6) 1~8쪽, 1999년 De Juristenkrant의 JK, 'Zoektocht naar een kwalitatieve gerechtstolk/-vertaler' (nr.7) 8쪽 참고

2) 더 자세한 정보는 스페인 외무부 총칙 1996년 2월 23일 금요일 BOE num.47, 6875 및 1997년 4월 2일 수요일 BOE num.79,10517 참고

3) 더 자세한 정보는 1997년 Schweda-Nicholson and Martinsen이나 1998년 Jacobsen 참고

4) 더 자세한 정보는 Trials Issues Group - Witness Care Sub-Group의 웹사이트 www.criminal-justice-system.gov.uk/inter1.pdf 참고. Witness Care Sub-Group이 업무 완료 후 해체되면서 웹사이트 주소가 바뀌었을 수 있음. 그러나 Trials Issues Group 웹사이트는 계속 유효함.

5) 1978년 11월 28일 유럽인권협약 1978/11/28 제29조 제40항

6) 1984년 2월 21일 유럽인권협약 제73조

7) 1989년 12월 19일 유럽인권협약 제167조

8) 1989년 12월 19일 유럽인권협약 제168조

9) EU 인권헌장은 웹사이트 opa.eu.int/comm/justice_home/unit/charte/en/welcome.html 또는 www.consilium.eu.int 에 게시됨.

제 2 장

학·석사 수준 법률 통번역사의 언어능력 기준

1. 통번역사의 언어기준: 개요

두 가지 언어를 할 줄 알면 누구나 통역과 번역을 할 수 있다고 생각하는 사람들이 아직도 적지 않다. 그러나 이런 인식은 완전히 틀릴 뿐 아니라 굉장히 위험하기까지 하다. 특히 법정에서의 통역과 번역, 예를 들면 국가 안보나, 생사가 걸린 문제, 마약 밀수, 국제 범죄, 가족법 같은 문제를 다룸에 있어서는 더욱 그렇다. 다양한 문화를 가진 국가들이 모인 유럽연합(EU)에서, 수준 높고 신뢰할 수 있는 법률통역과 번역은 법 집행 절차는 물론 행정의 질을 높이는 데 크게 기여한다.

법률통역사나 번역사들의 전문적인 업무 수행을 위해 요구되는 언어 능력에 대해 현재 EU 회원국 전체에 적용되는 표준은 존재하지 않는다. 심지어 서로 상대 국가의 기준을 인정하지 않는 국가도 있으며, 각국이 자국 내 모든 법률 통번역사의 언어 능력에 대해 의무든 권고든 뚜렷한 기준을 제시하고 있지도 않다. 즉 EU 전체에 통용되는 법률 통번역에 요구되는 언어 능력 관련 기준 권고안이 매우 필요한 상황이며, 이는 매우 기술적*descriptive*이고 상세하게 제시되어야 실질적 적용이 가능할 것이다. 왜냐하면 일부 법률 통번역 업무는 서로 똑같지는 않지만 굉장히 유사하기 때문에, 그 수행 준거에 미세한 차이만 있어도 그것이 핵심적 측면의 차이일 수 있기 때문이다. 따라서 어느 정도의 반복적인 기술은 필수적인 요소다.

늘 세부 정보 하나하나까지 틀림없고 정확해야 하는 법률 통번역사는 높은 언어 구사 능력을 기본적으로 갖춰야 하며 본 장에서 설명하는 법률 통번역사의 언어 능력 기준은 바로 여기에 기초하고 있다. 본 장의 목적은 EU 회원국 또는 가입 후보국이, EU 법 체계 하에서 각각의 언어, 국가, 문화에 걸쳐 자신의 업무를 충실히 수행하고 있는 법률 통번역사들을 위한 연수 기관이나 공식 자격인증 제도를 도입하도록 장려하는 것이다.

법률 통번역사의 역할을 제대로 소화하기 위해서는 꼭 분야가 넓을 필요는 없지만 최소 학사학위나 학사수준 자격증이 필요하다는 것이 현재의 전반적 인식이다. 일부 국가에서는 후자가 디플로마*diploma*이라고 불린다. 가령 영국의 공공 서비스 통역 디플로마*Diploma in Public Service Interpreting*처럼 말이다. 이 학력 기준을 더 완화하는 것은 위험한 발상이다. 법률 통번역사는 EU 회원국내 및 국가 간 진행되는 재판에서 핵심 역할을 담당하기 때문에 완전한 자격을 갖추지 못한 통번역사는 아예 설 자리가 없기 때문이다.

심지어 자격을 검증 받은 법률 통번역사도 모든 법률 분야에서 전문가일 수는 없다. 따라서 통번역사는 자신이 의뢰 받은 일이 요구하는 분야가 신뢰할 수 있고 정확한 서비스를 제공할 수 있을 정도로 자신이 경험을 쌓은 분야인지 확인해야 하며, 만약 그렇지 않다면 법률 통번역사 행동규범 권고안에 따라 그 일을 포기해야 한다. 법률 기관들은 이 행동규범을 충분히 숙지하고 있어야 한다. 행동규범에 익숙한 법률 기관은 통번역사의 포기 선언을 통번역 능력 부족으로 인식하기 보다는 양심적인 행동규범 준수로 간주할 것이다(7장 참조).

몇 가지 소개사항

- 본 장은 법률 통번역사가 수행해야 하는 주요 직무에 필요한 언어 능력 기준을 정의하는 것을 목적으로 한다. 그러나 법률과 구체적인 재판 절차는 EU 국가 간 차이가 있고, 한 국가 내에서도 법률 기관에 따라 다르므로, 후에 제시될 세부 항목 중 독자가 거주하는 국가와 지역에 해당하는 항목을 고르도록 한다.

- 법률 통번역사의 업무수행에 필요한 언어기준
  - **일방·쌍방통역**: 동시통역(국제회의·위스퍼링 통역), 순차통역과 대화통역 또는 수행통역
  - **문장구역**: 해당 통역사가 사용하는 두 가지 언어를 쌍방향으로 문장을 보며 통역
  - **통역사의 기초수준 번역**: 일부 법제(法制)에서 요구.
  - 전문 법률번역

- 법률통역사의 기초 수준 번역과, 전문 법률번역을 위해 자격을 갖춰야 하는 전문 법률번역 관련 평가 기준은 엄격히 구분된다. 본 장에서는 여기서 언급한 순서에 따라 두 경우에 대해 설명할 것이다.

- 높은 수준의 일반적인 말하기, 듣기 능력과 전문 통역 기술은 엄격히 구분된다. 마찬가지로 높은 수준의 일반적인 읽기, 작문 능력과 전문 번역기술 역시 엄격히 구분된다. 숙달된 말하기, 듣기, 읽기, 작문 능력은 법률 통번역 훈련의 전제조건이다.

- 일부 교육관련 용어는 별도의 정의 없이 보편적으로 이해되는, 예를 들어 상식*knowledge of the world*대로 사용한다.

- 통번역사는 경우에 따라 '현업종사자*practitioner*' 라 칭하며 듣기 능력은 경우에 따라 '이해력' 이라고 칭한다.

- 일부 수행 준거와 평가 등 기타 세부 사항은 통역과 문장구역 기술에서 비슷한 것처럼 말하기와 듣기 능력에서도 서로 비슷하다. 같은 현상이 읽기나 작문, 번역 능력에서도 나타난다. 따라서 상황에 따라 내용이 겹치거나 반복되는 것을 완전히 피하는 것은 불가능하다. 본 장의 목적은 특정 구절에 포함되어 있는 각 기술에 대한 종합적인 세부 정보를 제공해 각 절을 독립적으로 완성시키는 것이기 때문이다. 그러나 우리는 독자들이 본 장에 제시된 언어 능력 관련 권고 사항을 전체적으로 빠짐없이 정독하길 권한다. 법률 통번역사의 역할과 실제 업무에 관해 종합적으로 통찰할 수 있는 좋은 방법이기 때문이다.

- 본 장에서 '항목*section*'은 개별 문단보다는 여러 표제를 포괄하고 있는 장의 한 부분을 의미한다.

통번역에 있어서 언어사용 능력의 역할

전문 통역사와 번역사는 말하기, 듣기, 읽기, 작문 등의 언어 사용 기술을 자유자재로 구사하는 것은 물론이고 통역 및 번역 기술을 추가적으로 연마해야 한다. 또한 그들이 대상으로 하는 국가에 대한 지식을 쌓고, 해당 문화를 끊임없이 의식해야 한다.

통역사의 경우 말하기와 듣기 능력이 특별히 중요하고, 번역사의 경우 읽기와 작문 기술이 중요하다. 그러나 이는 통역사들은 구두 능력만, 번역사들은 작문 능력만 갖추면 된다는 뜻이 아니다.

통역사든 번역사든 이 네 가지 능력을 자유자재로 구사하는 것은 필수적 요건이다. 어떤 통역사가 두 가지 언어를 구사할 수 있지만 그 중 한 가지, 또는 두 가지 언어 모두를 읽고 이해하는 데 어려움을 겪는다면 다른 통역사에 비해 가령 해당 국가의 사회나 문화에 대한 정보 습득이 훨씬 뒤처질 가능성이 높다. 마찬가지로 해당 언어를 유창하게 구사하는 번역사는 그 언어를 모국어로 하는 사람들과 쉽게 접촉할 수 있으므로, 그 사회와 문화의 미세한 측면에 대해 다른 번역사보다 빠른 정보와 깊은 지식을 습득할 수밖에 없다.

법률통역사로서 연수와 평가를 받고자 하는 사람들은 해당 국가의 언어를 읽고 쓰는 능력이야말로 필수불가결한 요소임을 잊어서는 안 된다(일례로 통역 업무에 투입되기 전 관련 자료를 읽고 배경 지식과 용어를 정리해야 한다). 특히 능력을 검증 받은 유자격 법률통역사들이 많이 필요한 언어에서 읽기와 작문 능력의 중요성은 더 강조된다.

이 네 가지 능력을 갖추는 것은 외국에서 장기간 학교를 다니고 정규 교육을 받아 그 나라의 언어가 모국어보다 더 익숙한 법률 통번역사 연수생들에게 특히 중요하다. 이들은 일상 생활에서는 모국어를 큰 어려움 없이 유창하게 구사할지 몰라도 읽기나 작문 능력은 부족할 가능성이 있다. 이런 2세대 자녀들은 어린 시절부터 모국어 능력을 유지할 수 있는 교육을 받아, 단기적으로는 모국의 문화 유산을 보호하고, 장기적으로는 모국의 문화적 언어적 배경을 가진 사람이 소송에 휘말릴 경우 같은 배경을 가진 법률통역사로서 그 역량을 발휘해야 한다.

광범위한 지식과 어휘 습득을 위한 일반적인 노력에 더해 법률 통번역사들은 법률 관련 전문 지식, 특히 그 중에서도 자신이 업무를 맡게 될 법률 기관이 사용하는 용어나 소송 절차를 숙지해야 한다. 전자는 언어적 요소이고, 후자는 법률통역과 번역이 실제로 진행되는 틀이다. 게다가 업무에 따라 때로는 복잡하고 공식적인 언어가, 때로는 단순하고 구어체 언어가 요구되는 등 요구되는 언어의 스타일도 큰 차이를 보인다. 통번역사라면 통역이든 번역이든 이 모든 상황에 유연하게 대처할 수 있어야 한다.

언어 평가 관련 초기 발상

법률 통번역사 자격 평가에 대한 **기본적인 지침**으로, 핵심 수행 준거*performance criteria* 관련 항목을 참고하도록 한다. 통번역 기술의 가장 바람직한 평가 방식은 일반적으로 검증된 유자격 법률 통번역사가 실전에서 겪게 되는 상황을 그대로 모방하는 것이다. 따라서 법률통역사들에 대한 평가는 실전을 가정한 모의 대화통역과 수행통역 업무 등 역할극이 주를 이루게 되고, 번역사에 대한 평가는 실제 업무상황에서와 같은 시간을 주고 문장구역 시험을 보게 하거나 다양한 난이도의 법 관련 문서를 번역해낼 수 있는 지 여부를 살펴볼 것이다. 나라마다 실무 방식이 서로 다르기 때문에 구체적인 평가 방법도 각각 다르겠지만 통역 능력 평가 시 최소 한 번 이상의 역할극, 번역 능력 평가 시 최소 한 번의 일방향 문장구역을 실시하는 것이 좋다.

본 장에서 언급한 바와 같이 **평가의 기준**은 법정에서는 오로지 능력이 완벽히 검증되고, 정확하며, 신뢰할 수 있는 통번역사만 주어진 업무를 제대로 완수할 수 있다는 사실을 전제로 결정된다. 아직 국가 차원의 법률 통 번역 서비스가 태동기에 있고 본격적인 통번역 인력 양성이 시작 단계에 있는 국가라도, 목표는 완벽한 능력을 보유한 전문가를 양성하는 것으로 잡아야 한다. 따라서 법률 통번역사 자격을 인증하는 평가는 주어진 업무를 완벽하게 수행할 수 있는 통번역사만 평가에 통과하도록 적정 수준의 난이도와 기준을 유지해야 한다. 그 한 예로 영국의 공공 서비스 통역 디플로마(DPSI)를 들 수 있다.

평가의 내용과 법적 언어는 해당 업무의 성격에 따라 결정된다. 법률 재판의 형태와 내용은 그 종류에 따라 큰 차이를 보이기 때문에 광범위한 일반 지식의 중요성은 아무리 강조해도 지나치지 않다. 법률 통번역사가 추가적으로 갖춰야 할 능력에는 다음과 같은 것이 있다.

- 업무를 수행하는 배경 법 체계에 대한 충분한 지식
- 자신이 일하게 될 여러 종류의 법원, 경찰서, 또는 다른 법률 기관에 적용되는 법 체계와 절차, 관행에 대한 충분한 숙지

- 이런 배경에서 사용되는 법률 전문용어의 완전한 이해와 능수능란한 구사
- 더불어 번역사는 법률 문서의 고유한 서식과 형태에 충분히 익숙해야 한다.

평가는 실제 업무상황과 유사하면 유사할수록 좋으며, 정통 전문 법률용어와 자료를 사용하는 법 체계, 절차, 관행의 세부사항을 어느 단계에서건 최대한 반영하도록 한다. 또한 평가는 지원자가 적절한 법적 언어와 고유한 스타일, 형태를 충분히 활용해 이 모든 분야에 대한 지식을 효과적으로 표현할 수 있도록 진행해야 한다. 여러 관련 법률기관의 법률 전문가가 적극 참여해 조언을 제공한다면 평가의 정통성을 크게 강화할 수 있을 것이다.

법률 통번역에 대한 능력평가를 비롯해 하단에 설명된 기타 활동을 준비할 때, 법적 언어의 전체 범위와 기타 맥락상의 세부사항이 충분히 고려되었는지 점검하기 위해 본 항목을 참고하는 것이 좋다(각 활동의 수행 준거 참고). 이를 통해 지원자들은 특정 분야에서 필요한 전문지식을 보여줄 수 있는 기회를 갖게 될 것이다.

평가의 세부사항 중 일부는 하단에 제시되어 있다. **평가지침** 관련항목을 함께 살펴보면 더 효과적이다.

평가지침: 모든 업무 관련 개략적 제안

국가나 기관마다 법 체계와 재판 절차가 다르므로 평가 방식도 같을 수는 없다. 그러나 평가의 난이도는 언제나 일정해야 한다.

다수 지원자의 시험 결과 채점 방식을 표준화하기 위해서는 각 지원자가 수행 준거를 어느 정도 만족시켰는지 판단할 수 있는 객관적 척도를 수립하는 것이 좋다. 예를 들면 지원자들의 능력을 각각 1점에서부터 10점 사이로 평가할 수 있을 것이다. 또는 백분율을 이용해 각 과목마다 100퍼센트를 최고 점수(거의 달성하기 어려운 수준)로 각 과목을 평가하는 방법도 생각해 볼 수 있다. 만약 이런 척도를 사용하기로 했다면 각 과목의 해당 점수가 어느 정도의 달성 의미하는지 세부 설명이 필요할 것이고 성공과 실패의 점수 기준도 명확히 강조해야 할 것이다.

그러나 척도를 정하는 단계에 들어가기에 앞서 각 활동에 대해 하단에 기술된 수행 준거 가운데 어느 것이 실제 시험에서 평가의 대상이 될 것인지 결정해야 한다. 이를 위해서는 시험관이 각 활동에 대한 수행 준거에 대비해 시험 과제를 면밀히 분석하는 과정이 요구된다. 이 분석 과정을 통해 시험관은 해당 시험 과제를 상세하게 파악할 수 있으며 이는 시험관의 원활한 직분 수행을 위해 필수적인 요소이다. 본 지침은 수행 준거 채점 방식과 같은 세부적인 규칙은 고려하지 않는다.

공평하고 공정한 평가 결과 또는 채점 방식을 수립하기 위해 충분히 시간을 들여 평가 방법을 고민해보도록 한다. 동료들과 의견을 나누어 보는 것도 좋다.

2. 1단계 학위 및 학사학위 수준의 법률통역

법률통역사에게 요구되는 언어 능력의 범위와 수준을 종합적으로 이해하기 위해서는 다음과 같은 사항들에 대한 사전 인식이 요구된다.

- 두 가지 언어를 구사하는 것과 통역은 같지 않다.
- 만약 두 가지 언어 중 한 가지가 유창하지 않거나, 신뢰할 수 없거나, 이해할 수 없는 경우에는 더욱 불충분하다.
- 한 언어 또는 두 언어를 읽고 쓸 수 없다면 신뢰할 수 있는 통역 서비스를 제공하는 데 큰 문제가 된다.

따라서 본격적으로 통역 기술에 대해 논의하기 전에 먼저 다음과 같은 합의가 이루어져야 한다. 즉 모든 법률통역사는 자신이 구사하는 양 언어 모두에서 높은 수준의 말하기, 듣기, 작문, 읽기의 네 가지 기술을 갖추고 있어야 한다는 것이다. 이 중에서 말하기와 듣기 능력은 하단 항목에서 보듯 통역사에게 특히 중요하다.

2.1 통역사에게 기본적으로 요구되는 말하기와 듣기 능력

법률통역사는 자신이 구사하는 두 언어권 내에서 발생하는 모든 일반적인 법적 문제들에서 자신의 맡은 바 소임을 다할 수 있어야 한다. 이를 위해서는 두 언어를 모두 완벽하게 구사할 수 있어야 한다. 말하기와 듣기 능력은 요구되는 언어 사용 능력 중 일부에 지나지 않지만 매우 중요한 통역 기술을 중심적으로 뒷받침하는 역할을 한다. 따라서 높은 수준의 말하기 듣기 능력은 필수 요건이며 본격적 통역 기술 연수가 시작되기 전에 확실히 평가되어야 한다. (하단의 말하기와 듣

기 능력에 관한 **평가지침 항목** 참고)

2.1.1 법률통역사에게 기본적으로 요구되는 말하기 능력 관련 수행 준거

전문 통역 기술 연수를 본격적으로 시작하기 전에 법률통역사 지원자들은 기본적으로 요구되는 말하기 능력에 대한 수행 준거를 충족시켜야 한다. 이하는 세부 기준이다.

- 업무를 맡을 법률 기관에서 요구하는 두 언어의 법률 전문용어들을 이해하고 사용할 수 있는 능력(**전문용어***specialist terminology* 관련 항목 참고)
- 해당 언어 및 문화 환경에서 일반적으로 적절하다고 간주되는 수준으로 평생 살고 일할 수 있는 정도의 언어 능력과 생활 능력
- 해당 두 언어를 심각한 오류 없이 구사할 수 있는 능력
- 특정 상황에서 요구될 수 있는 다양한 종류의 관용구, 언어의 사용역*register*, 표현구를 자신 있게 사용할 수 있는 능력
- 원어민 수준의 유창한 언어 구사능력
- 이해하기 어려운 억양 없이 언어를 구사하는 능력
- 특정 상황에 따라 요구되는 다양한 수준의 언어 요식*formality*에 대한 적응 능력
- 풍부한 언어 구사력을 갖추고 변화하는 상황에 따라 폭넓게 적용할 수 있는 능력
- 해당언어를 모국어로 사용하는 사람이라면 이해할 것으로 기대되는 정도의 지역방언이나 사투리에 효과적으로 대응할 수 있는 능력(**평가지침 항목**에서 **언어 변종***language varieties*, **방언**, **어투** *accents* 참고)

• 참가자 사이의 주제, 논쟁, 입장이 변화할 때 이에 대응하기 위해 자신이 평소에 사용하는 언어를 적용할 수 있는 능력

상기 기준은 하기 능력으로 뒷받침되어야 한다.

• 각기 다른 법률기관에서 통상적으로 사용하는 특수어휘나 전문 법률용어 사용능력
• 고급문법과 구문에 대한 완벽한 이해
• 다양한 관용구 구사능력과 폭넓은 언어 사용역

위 능력은 하기 방법으로 얻을 수 있다.

• 능력향상의 필요성을 자각하고 적절한 조치를 취하기 위한 자가 평가
• 소리 내어 말하기 연습하기(짧은 연설 등)
• 사전, 전문 서적, 또는 기타 자료를 이용한 지속적인 전문 어휘, 법률 용어 갱신
• 언어 사용, 구어적 표현, 관용구, 지역이나 주제별로 특화된 표현에 대한 지속적인 관찰과 갱신
• 그 밖에 자신의 능력을 향상시키기 위해 필요하거나 바람직하다고 판단되는 모든 형태의 연수(제5장 참조)

2.1.2 통역사에게 기본적으로 요구되는 말하기 능력에 대한 평가지침

통역사에게 기본적으로 요구되는 말하기 능력을 평가하기 위해 시험을 개발하거나 의뢰를 맡길 때, 가능하면 위에 언급한 모든 수행 준거를 포함하도록 설계하는 것이 바람직하다.

각 수행 준거에 대한 지원자의 성취도를 평가할 때 지원자의 전체적인 능력을 항상 염두에 두도록 한다.

- 지원자는 법률적 언어를 효과적으로 구사할 수 있는가?
- 지원자는 전반적으로 명석하고 이해가 빠른가?
- 품행이나 바디랭귀지 등 기타 비언어적인 부분에서 결점이 발견되지는 않았는가?
- 지원자가 필요한 수준의 감수성을 갖추었는가?
- 지원자의 능력은 일관적인 수준을 유지하였는가?
- 지원자가 보여준 능력 중 특히 어떤 부분이 긍정적이었는가?

기타 평가지침 세부사항

- 시험관은 말하기 능력 시험은 지원자의 듣기 능력에 기반하지만 듣기 능력은 당 시험에서 평가하지 않음을 인식하고 있어야 한다.

- 위에서 설명한 말하기 기술은 주로 통역에 직접 관련된 기술만 나열한 것이다. 기타 일반적인 말하기 기술은 평가에서 제외되었으며 평가할 필요가 없다.

- 통역사의 말하기 능력을 평가하기 위한 시험을 준비할 때 위에 명시한 기준들이 최대한 많이 반영되도록 하는 것이 좋다. 많은 기준들이 시험에 포함될수록 지원자의 전반적인 능력에 대한 통찰을 얻는 데 도움이 되기 때문이다.

- 가능한 채점방식에 대해서는 1부 마지막 항목의 **모든 업무를 위한**

평가지침–몇 가지 개략적 제안을 참조

- **언어 변종, 방언, 어투:** 대부분의 언어가 굉장히 많고 다양한 변종, 방언, 어투 등을 가지고 있으므로 바로 적용할 수 있는 보편적인 규칙은 존재하지 않는다. 그러나 원어민이나 원어민에 가깝게 해당 언어를 구사하는 사람은 잘 알려진 변종이나 어투, 심지어 어떤 경우에는 방언까지 이해하고 구사할 수 있어야 한다는 것이 일반적인 인식이다. 만약 어떤 업무를 의뢰 받은 통역사가 업무 수행 중 반드시 필요한 특정 언어 변종이나 방언, 또는 어투를 이해하기 어렵다고 판단될 경우, 해당 통역사는 통역사 행동규범에 따라 그 업무를 포기해야 한다. 재판이 진행되는 도중 통역사가 중도하차 하면 이후 진행에 심각한 지장을 줄 수 있기 때문에 최대한 본격적인 업무 시작 전에 업무 가능 여부를 판단하는 것이 가장 좋다. 물론 평가가 쉽지는 않지만 만약 법률통역사 능력 평가 시험이 이런 사례를 포함하고 있다면, 향후에 이런 상황이 실제로 발생할 경우 지원자들이 처신 요령을 습득하는 데 큰 도움이 될 것이다.

2.1.3 통역사에게 기본적으로 요구되는 듣기 능력에 대한 수행 준거

전문 통역 기술 연수를 본격적으로 시작하기 전에 법률통역사 지망생들은 기본적으로 요구되는 듣기 능력에 대한 수행 준거를 충족시켜야 한다. 이하는 세부 평가 기준이다.

- 업무를 맡을 법률 기관에서 요구하는 두 언어의 법률 전문용어들을 확인하고 이해할 수 있는 능력 (**전문용어** 관련 항목 참고)

- 해당 언어 및 문화 환경에서 일반적으로 적절하다고 간주되는 수준으로 평생 거주하고 일할 수 있는 정도의 언어 이해 능력
- 심각한 이해 오류 없이 가장 전문적인 분야를 제외하고 두 언어로 이루어지는 대화를 이해하는 능력
- 관용구 및 언어의 사용역, 다양한 표현들을 인지하고 이해하는 능력
- 특정 상황에 따라 요구되는 다양한 수준의 요식의 의미를 확인하고 이해하는 능력
- 발언자가 사용하는 광범위한 종류의 언어 전략을 이해할 수 있는 능력
- 해당 언어를 모국어로 사용하는 사람이라면 이해할 수 있을 것이라고 기대되는 지역별 어투 또는 방언을 이해하는 능력(**평가지침** 항목에서 **언어 변종, 방언, 어투** 참고)
- 참가자 사이에 주제에 대한 인식이나 논쟁의 방향, 입장이 변화할 때 그 의미를 확인하고 이해할 수 있는 능력
- 상대방이 직접적이고 명료하게 감정이나 태도를 표현하지 않을 때 이를 인지할 수 있는 능력

상기 기준은 다음과 같은 능력에 의해 뒷받침되어야 한다.

- 각기 다른 법률 기관에서 통상적으로 사용하는 특수 어휘나 전문 법률 용어 지식
- 정확한 의미를 파악하는 데 있어서 문법과 구문이 가지는 중요성 이해
- 언어, 어법, 관련 전문용어의 변화에 대한 지속적인 인식과 그에 따라 자신의 지식을 갱신하는 마음가짐

위와 같은 능력은 다음의 방법을 통해 획득할 수 있다.

- 훈련(다른 장 참조)과 연습
- 듣기 능력 향상의 필요성을 자각하기 위한 자가 평가 (제5장의 **자가 평가** 참조)
- 언어 사용, 구어적 표현, 관용구, 지역이나 주제별로 특화된 표현을 지속적으로 관찰 및 갱신하고 그에 따라 스스로의 듣기 능력을 향상시키려는 의지
- 그 밖에 자신의 듣기 능력을 향상시키기 위한 여타 수단을 찾으려는 의지(제5장 참조)

2.1.4 통역사에게 기본적으로 요구되는 듣기 능력에 대한 평가지침

통역사에게 기본적으로 요구되는 듣기 능력을 평가하기 위해 시험을 개발하거나 의뢰를 맡길 때, 가능하면 위에 언급한 모든 수행 준거를 포함하도록 설계하는 것이 바람직하다.

각 수행 준거에 대한 지원자의 성취도를 평가할 때 듣기 능력과 연관된 지원자의 전체적인 능력을 항상 염두에 두도록 한다.

- 지원자의 듣기 능력이 법적 언어를 포함하는 장시간의 발표를 완전히 이해하기에 충분한가?
- 지원자의 응답이 내용을 완벽히 이해했음을 방증하는가?
- 지원자가 모호한 특정 구절을 이해할 수 있었는가?
- 지원자가 보여준 능력 중 특히 뛰어난 부분은 무엇이었는가?

기타 평가지침 세부사항

- 시험관은 듣기 능력 시험은 지원자의 말하기 능력에 기반하지만 말하기 능력은 당 시험에서 평가하지 않는다는 점을 인식하고 있어야 한다.

- 위에서 설명한 듣기 기술들은 주로 통역에 직접적인 관련이 있는 기술들만 나열한 것이다.

- 통역사에게 기본적으로 요구되는 듣기 능력을 평가하기 위한 시험을 준비할 때 위에 명시한 기준들이 최대한 많이 반영되도록 하는 것이 좋다. 이는 적절한 수준의 법정 상황에서 지원자의 듣기 능력에 대한 종합적인 통찰을 이끌어내기 위함이다.

- 가능한 채점 지침에 대해서는 1부 마지막 항목의 **모든 업무를 위한 평가지침–몇 가지 개략적 제안**을 참고할 것.

- **언어 변종, 방언, 어투**는 말하기와 듣기 두 영역 모두에서 변수로 작용한다. 자세한 내용은 앞 장의 말하기 능력 항목을 참고할 것.

- 수행 준거를 종합적으로 적용해 지원자의 능력을 평가하고자 할 때 시험관들은 다양한 종류의 평가 전략을 사용하는 것이 바람직하다. 예를 들면 평가하고자 하는 기준을 측정할 수 있는 임무를 부여하거나 평가 도중 직접 개입하는 방법을 통해 지원자가 그 기준에 해당하는 능력을 갖추었는지 측정해 볼 수 있다.

통역사에게 요구되는 기본적인 말하기·듣기 능력에 대한 결론

통역사의 말하기·듣기 능력에 대한 평가는 그 목적에 비해 지나칠 정도로 장시간이 걸리는 작업처럼 느껴질지도 모른다. 그러나 트레이너 또는 평가 담당자는 일단 말하기·듣기 능력이 일정 수준에 도달해야만, 그 능력에 기반하여 법률통역사에게 요구되는 수준의 통역 기술을 연마하는 것이 훨씬 쉽고 빠르다는 점을 명심해야 한다. 말하기·듣기 능력의 기초가 없는 법률통역사 지망생은 잠재 능력을 모두 끌어낼 수 없으며, 결국 실제로 법률통역 임무가 주어졌을 때 제 역할을 다하지 못할 것이다.

2.2 법률통역사의 통역기술

통역사는 선천적으로 타고나는가 후천적으로 길러지는가?

전문가들과 평가 담당자, 그리고 실무자들은 대체로 통역과 번역이 서로 연관된 활동이기는 하지만 통역사의 경우 특별한 성향이 필요하다는 데에 동의한다. 위에서 언급한 바와 같이, 두 가지 언어에 대해 높은 수준의 말하기 능력과 듣기 능력을 보유한 사람이라고 해서 누구나 훈련을 통해 전문 통역사가 될 수 있는 것은 아니다. 또 훌륭한 번역사라고 해서 꼭 능력 있는 통역사인 것은 아니며 그 반대 역시 마찬가지다. 통역사 양성을 위해 지원자들을 선발할 때 이런 요소들을 고려해야 한다.

번역사와는 달리 통역사는 선천적으로 타고 난다는 주장은 늘 있었고 그 동안 통역사의 성격에 대해 많은 연구가 있었다. 통역사는 비록 통역이라는 업무가 한쪽으로 치우치지 않고 개인의 기호를 드러내서는 안 되는 속성이 있기는 하지만 대체로 외향적인 성격으로 묘사되어 왔다. 특히 비록 통역사가 한쪽 법무팀에 속해 있지만 절대로 협상이나 재판에 직접 개입하거나 자신의 의견을 피력해서는 안 되는 법률통역의 경우 통역의 이런 속성은 더욱 엄격하게 적용된다.

통역은 쌍방이 서로의 언어를 이해하지 못할 때 한 언어를 사용하는 한쪽 메시지의 의미를 다른 언어를 사용하는 상대방에게 전달하는 것이다. 이 법칙은 번역에도 빈번히 적용되어 왔지만 '원문에 최대한 충실하면서 독자의 완벽한 이해를 돕기 위해 최대한 자유롭게'라는 번역의 대표적인 속성은 통역과 직접적인 관련이 없다. 이것은 통역의 경우 활자화되거나 인쇄된 문서 또는 번역물처럼 세부적인 언어의 속성에 상관할 필요가 없기 때문이다. 통역의 최우선적인 평가 척도는 메시지의 의미를 정확하게, 완전하게, 진실되게 전달하는 것이 되어야 하며, 원래 메시지에 들어있는 내용을 빠뜨리거나, 반대로 들어있지 않은 내용을 추가하지 않는 것이다.

통역사는 통역된 메시지를 유창하게, 명료하게, 조리 있게, 듣기에 수월하게 전달해야 하며, 빠른 전달 속도 등 원어민 또는 원어민에 근접한 수준의 언어능력으로 자신감 있게 전달해야 한다. 또한 만약 논의되는 주제가 민감한 사안이라면 통역사는 이를 인식하고 통역할 때 이 점을 적절하게 표현해야 한다.

통역과 요약은 별개다

통역사는 통역사 행동규범에 따라 항상 중립적인 자세를 유지해야 하며, 통역의 대상이 되는 내용에 임의적인 추가나 생략 없이 있는 그대로 통역해야 한다. 따라서 요약은 자연적으로 통역 시 배제되어야 할 부분인데, 내용을 요약한다는 것은 곧 통역사가 임의로 특정 내용에 중요성을 부여하고 기타 내용은 압축되거나 생략된다는 것을 의미하기 때문이다.

통역해야 할 내용 중 어느 부분이 중요하고 중요하지 않은지 판단하는 것은 통역사의 역할이 아니다.

만약 통역사가 예외적인 상황에서 내용을 요약해서 통역할 것을 요청 받는다면 이는 반드시 쌍방의 찬성 하에 이루어져야 한다.

통역사는 언제나 중립적인 태도를 유지한다

통역사는 언어의 선택, 강조해야 하는 부분, 억양, 바디랭귀지 등의 요소에서 절대로 특정한 편향이나 선호를 드러내서는 안 된다. 통역사의 통역 방식에 관해 서로 반대되는 주장을 펼치는 두 학파가 있기는 하지만 기본적으로 통역사는 어떤 경우에도 중립을 유지해야 함은 흔들리지 않는다. 전통적인 관점은 통역사가 모든 상황을 막론하고 중립적인 어조를 유지하며 통역을 해야 한다는 것이었으나, 오늘날에는 완전한 중립성을 유지하는 것이 어려울 때가 있으며, 또 중립적인 어조로 통역하는 것이 통역의 진실성을 떨어뜨리는 요소로 작용할 수도 있다는 것이 사실로서 인정받고 있다. 예를 들어 일방의 말에 대해 상대방이 과격하고 적대적인 반응을 보일 경우, 후자 학파에 따르면 그런 종류의 반응을 일반적인 대화와 다를 바 없이 완전히 중립적인 어조로 통역하는 것은 통역의 진실성을 떨어뜨린다는 것이다. 따라서 이런 상황에서 가장 훌륭한 통역은 통역사가 실제로 논쟁에 돌입한

당사자들 수준으로 목소리를 높이지 않으면서 그들의 격렬한 감정을 효과적으로 전달하는 것이라는 주장이 가능하다.

통역사는 고도의 집중력이 필요하다

통역사는 통역의 대상이 되는 내용을 사실상 모두 기억할 수 있어야 하기 때문에 통역은 매우 높은 집중력을 필요로 하는 과정이다. 세부 사항을 다시 되묻거나 내용을 자세하게 받아 적을 수 있는 시간도 없고 기회도 없다(아래의 **노트테이킹** 항목 참조). 통역사는 대상 언어를 통해 전달되는 내용을 완벽히 이해해야 하고, 그 내용을 그대로 기억하면서 임의의 요약, 추가, 생략 또는 강세나 어조의 변화 없이 의미를 전달해야 한다. 통역사가 요구되는 형식으로 의미를 전달할 때 사용되는 문법, 또는 구문과 같은 언어적 수단의 사용 여부는 자신의 선택이지만, 통역 서비스를 제공하는 연사의 의도, 어조, 의미를 온전하게 반영할 수 있어야 한다.

통역의 종류

한 연사가 장시간 연설을 하는지, 또는 서로의 언어를 모르는 두 사람 이상이 끊임없이 대화를 하는지 등 상황에 따라서 통역은 일방통역과 쌍방통역으로 구분된다.

• 일방*one-way*통역: 동시(회의) 통역과 위스퍼링 통역

일방통역은 대부분의 경우 국제회의 동시통역으로 참석자들은 헤드폰을 쓰고 통역을 듣는다(법률통역의 경우 아직 많은 EU국가들에서 이와 같은 방식이 자리잡지 못했다). 또는 다수로 이루어진 집단에서 한두 명이 내용을 따라가지 못하는 상황인 경우 위스퍼링 통역이 사용된다. 동시통역의 경우 가장 큰 언어적 어려움은 연사가 끊임없이 연설을 하거나 해설을 하는 중에 그 언어를 사용하는 참석자가 없는 상황에서 연사의 말을 동시에 통역해야 한다는 것이다. 따라서 이는 일방통역이 된다.

동시통역을 하기 위해서는 빠르고 정확한 듣기 능력에 기반하여 전달되는 내용의 핵심을 파악하는 능력이 요구된다. 또한 도착어로 능수능란하게 전환하며 의미를 전달하는 출발어를 빠른 속도로 조리 있게 따라가는 능력도 요구된다. 연사가 다음으로 할 말을 예상하는 능력 또한 질 좋은 동시통역 서비스를 제공하는 데 큰 비중을 차지한다. 이와 같은 능력을 갖추기 위해서는 결국 통역사의 네 가지 언어 사용 기본 능력이 뛰어나야 하며, 특히 작문 능력(정보를 요청할 때)과 읽기 능력에 기반하여 해당 재판의 법적, 비법적 측면을 충분히 이해하고 있어야 한다.

- **쌍방*two-ways*통역: 대화 또는 수행통역**

쌍방통역은 서로의 언어를 이해하지 못하는 참석자들이 대화를 진행할 때 필요하며, 법률통역에서 가장 흔히 볼 수 있는 통역 방식이다. 통역사는 발언의 요지를 파악한 뒤 빠르고, 완전하고, 정확하고, 명료하게 다른 언어로 통역한다. 쌍방통역에서는 특히 고도의 집중력과 기억력, 빠른 이해력과 원활한 표현 능력이 중요하며, 통역사는 항상 핵심적인 의미를 파악해 통역하는 자세를 갖춰야 한다.

한 발언자의 발언에 대해 다른 언어를 구사하는 대화 상대방이 대답을 할 경우 통역사의 출발어와 도착어는 반대가 되며, 법률통역 임무 진행 중에는 일반적으로 이 과정이 계속 반복된다. 그러나 통역 업무가 워낙 높은 집중력을 요구하기 때문에 안정적인 통역 서비스 제공을 위해서는 한 통역사가 일정 시간 통역 업무를 수행한 경우 충분한 휴식을 취하도록 하고, 두 명의 통역사가 번갈아 통역을 맡는 등 여러 가지 고려가 필요하다(7장 참조).

- **일방 및 쌍방통역: 순차통역**

순차통역은 일방으로 이루어지기도 하고 쌍방으로 이루어지기도 하지만 일방통역이 더욱 빈번히 행해진다. 순차통역은 연사가 대략 10분에서 20분 정도 발언을 한 뒤, 통역사가 그 전체 내용의 의미를 다른 언어로 통역하는 방식이다. 쌍방통역의 경우 상황에 따라 출발어와 도착어가 바뀐다. 메시지를 정확하게 전달하고 임의의 내용 추가나 생략을 피하기 위해서 노트테이킹이 반드시 필요하다.

- **쌍방 동시통역**

쌍방 동시통역은 주로 법정 재판에서, 직접 얼굴을 마주하고 헤드폰을 사용하지 않는 대화 통역을 하기에는 장소가 지나치게 넓고 참석자가 많을 경우에 사용된다. 통역사에게 요구되는 능력에 대해서는 앞 페이지의 '**일방 동시통역**'을 참고하도록 한다. 다만 쌍방 동시통역은 일방통역보다 더욱 까다롭다.

모든 형식의 통역에서 통역사가 두 언어 모두에서 높은 수준의 말하기, 듣기 능력 및 통역 기술을 갖추는 것은 기본적인 요건이다. 그와 동시에 통역사는 민감한 주제가 언급되거나 문화적 차이가 나타날 때, 연사가 특정 세부 사항에 대해 암시를 하거나 침묵을 지킬 때 이를 바로 인식하고 능숙하게 대응할 수 있어야 한다. 통역사는 또한 분노, 적대감, 슬픔과 같은 감정이 발생했을 때 이에 적절하게 대응하면서도 변함없이 통역에 정신을 집중하며 항상 최고의 중립성과 민감성을 유지한 채로 행동해야 한다. 또한 통역 중 서로 간의 문화 차이가 나타나고 이해되지 못한 채 지나간다 하더라도 통역사는 자신이 통역하는 대화에 참여할 수 없으므로 자체적으로는 문화적 중개자 역할을 할 수 없다.

2.2.1 법률통역 기술 관련 수행 준거

비록 일방통역(동시통역과 위스퍼링 통역)에 요구되는 기술과 쌍방통역에 요구되는 기술은 다르지만 수행 준거는 전체적으로 유사하다고 볼 수 있는데, 이는 통역 방식은 다양할지 몰라도 요구되는 결과는 대체로 같기 때문이다. 그러나 일방통역의 경우 통역사가 두 언어를 빈번히 오가며 의미를 양쪽으로 전달할 수 있는 능력이 있는지에 대해서는 검증이 어렵다. 따라서 일방통역과 쌍방통역의 수행 준거는 상당 항목이 서로 겹치지만 각각 별개의 목록이 제시된다.

• 일방통역에 대한 수행 준거

일방통역 시 통역사는 메시지의 의미가 짧든 길든 아래와 같은 요건을 모두 만족하며 그 의미를 다른 언어로 전달할 수 있어야 한다.

- 사실에 입각한 정보, 개념과 의견 등을 정확하고 완전하게, 임의 추가 및 생략 없이 통역
- 통역사가 다룰 수 있을 것으로 기대되는 표준 또는 복잡한 언어, 법률 전문용어, 특수 용어, 그리고 지역적 또는 전국적 방언의 사용
- 이해를 어렵게 하는 억양 없이 자신감 있게, 유창하게, 명료하게, 잘 들리도록 적절한 속도로 전달
- 발언자의 언어적 교양과 지식 수준, 어조, 가능하면 말하는 속도까지 정확하게 반영
- 발언자의 태도, 역설, 풍자, 암시를 적절하게 반영
- 비언어적인 소통도 최대한 반영
- 사회적 문화적 규범 전달
- 상황에 따라 공식적, 비공식적, 구어적, 가볍거나 사적인 언어 등 다양한 범위의 언어 사용역 중 적절하게 대처하며 민감하거나 감정적인 요소를 적절히 전달
- 복잡한 구나 용어에 해당하는 표현을 도착어에서 즉시 찾기 어려운 경우 그 의미를 알기 쉽게 바꾸어 말할 것
- 법 분야에서 등장하는 특정 전문 주제에 대해 효과적으로 대응할 수 있을 것
- 필요할 경우 메모할 것 (아래의 **노트테이킹** 항목 참조)
- 업무가 진행되는 동안 목록에 제시된 수행 준거를 꾸준히 만족시킬 것
- 어떤 경우에도 전문 법률통역사의 행동규범에 어긋나지 않도록 행동할 것 (예를 들면 자신이 맡은 업무가 자신의 능력을 훨씬 초과한다고 판단되는 경우 해당 업무를 포기하는 등)
- 통역 전문 장비의 사용이 필요할 경우 숙련된 사용 솜씨를 보여줄 것

• **쌍방통역에 대한 수행 준거**

쌍방통역 시 통역사는 메시지의 의미가 짧든 길든 아래와 같은 요건을 모두 만족하며 그 의미를 다른 언어로 전달할 수 있어야 한다.

- 두 언어가 사용되는 대화에서 발언자가 말하는 모든 내용의 의미를 상세히 이해하고 각 언어로 전달되는 메시지를 동등하게 고려
- 양 언어로 사실에 입각한 정보, 개념과 의견 등을 정확하고 완전하게, 임의 추가 및 생략 없이 통역
- 통역사가 다룰 수 있을 것으로 기대되는 표준 또는 복잡한 언어, 법률 전문용어, 특수 용어, 그리고 지역적 또는 전국적 방언을 사용
- 이해를 어렵게 하는 억양 없이 양 언어로 자신감 있게, 유창하게, 명료하게, 듣기 수월하도록 전달
- 만약 대화의 흐름이 끊길 경우 적절한 조치를 취할 것
- 직접 문화적 중개자가 되지 않는 선에서 대화 참가자들 사이에 문화적 차이로 인한 오해가 생길 경우 이를 주의시켜 줄 것
- 상황에 따라 공식적, 비공식적, 구어적, 미묘하거나 개인적인 언어 등 다양한 범위의 언어 사용역에 적절하게 대처하며 민감하거나 감정적인 요소를 적절히 전달
- 발언자의 언어적 교양과 지식 수준, 어조, 가능하면 말하는 속도까지 정확하게 반영
- 발언자의 태도, 역설, 풍자, 암시를 적절하게 반영
- 비언어적인 소통도 최대한 반영
- 사회적, 문화적 규범 전달
- 법 분야에서 등장하는 특정 전문 주제에 대해 효과적으로 대응할 수 있을 것

- 복잡한 구나 용어에 해당하는 표현을 도착어에서 즉시 찾기 어려운 경우 그 의미를 알기 쉽게 바꾸어 말할 것
- 필요할 경우 메모할 것 (아래의 **노트테이킹** 항목 참조)
- 업무가 진행되는 동안 목록에 제시된 수행 준거를 꾸준히 만족시킬 것
- 어떤 경우에도 전문 법률통역사의 행동규범에 어긋나지 않도록 행동할 것 (예를 들면 자신이 맡은 업무가 자신의 능력을 훨씬 초과한다고 판단되는 경우 해당 업무를 포기하는 등)
- 통역 전문 장비의 사용이 필요할 경우 숙련된 사용 솜씨를 보여줄 것

2.2.2 법률통역 기술에 대한 평가지침

법률통역사의 능력을 평가하기 위해 시험을 개발하거나 의뢰를 맡길 때, 가능하면 통역 방식에 따라 구분되어 있는 상단의 모든 수행 준거를 포함하도록 설계하는 것이 바람직하다. 시험에 포함된 수행 준거 목록을 따로 작성하는 것이 도움이 된다.

각 수행 준거에 대한 지원자의 성취도를 평가할 때 듣기 능력과 연관된 지원자의 전체적인 능력과 통역 업무 성취도를 항상 염두에 두도록 한다.

- 지원자의 법률통역 기술은 실제 상황에서 발생할 수 있는 업무를 원활히 수행할 수 있는 수준인가?
- 지원자의 발언이나 응답이 꾸준히 일정 수준 이상의 능력을 보여주었는가?
- 품행이나 바디랭귀지 등 기타 비언어적인 부분에서 결점이 발견

되지는 않았는가?

- 지원자는 모호한 특정 구절을 실수 없이 통역할 수 있었는가?
- 지원자는 시험 내내 일관적인 능력을 보여주었는가?
- 지원자가 보여준 능력 중 어떤 점이 특히 긍정적이었는가?

기타 평가지침 세부사항

- 시험관은 모든 통역 능력 시험은 결국 지원자의 말하기와 듣기 능력에 기반한다는 점을 인식하고 있어야 한다. 말하기와 듣기 능력은 통역 능력의 토대를 형성하지만 당 시험에서 따로 평가하지는 않는다.

- 시험관은 일방 또는 쌍방통역에 각각 따로 적용되는 수행 준거들을 정확히 인식하고 있어야 한다. 일방통역의 경우 동시(국제회의) 및 위스퍼링 통역에 대한 특수한 요구사항들을 담고 있다.

- 법률통역 평가를 준비할 때 해당 통역 방식과 관련 있는 모든 기준이 평가에 포함되도록 하고, 여의치 않을 경우라도 최대한 많은 기준을 포함시키도록 한다. 시험이 포괄적이면 포괄적일수록 지원자의 전반적인 역량과 법률통역사로서의 그들의 역할에 대한 충실한 통찰을 얻을 수 있기 때문이다.
- 역할극을 통한 평가: 포괄적인 평가에서 지원자마다 적어도 한 회 이상 역할극을 실시하는 것을 권장한다.

- 특히 한 명 이상의 지원자를 평가할 때는 순서를 계속 바꾸며 다양한 역할극을 수행하도록 한다.

- 수행 준거를 종합적으로 적용해 지원자의 능력을 평가하고자 할 때 시험관은 다양한 평가 전략을 사용하는 것이 바람직하다.

- 시험관은 지원자가 모든 수행 준거 또는 적어도 그 중 상당수를 충족시킬 능력이 있는지 확인하기 위해 의도적으로 모호하게 소통을 하거나 지원자가 익숙하지 않은 용어를 사용하는 등 특수한 임무를 고안하는 등 다양한 방법으로 개입할 수 있다.

- **언어 변종, 방언, 어투**에 대한 자세한 내용은 앞 장의 **말하기 능력** 항목을 참고.

훌륭한 트레이너가 꼭 훌륭한 통역사는 아니며 그 반대도 마찬가지임을 유념할 것.

법률통역사의 노트테이킹

기본적으로 통역에서 노트테이킹이란 통역사의 임무, 즉 한 가지 언어 이상으로 진행되는 구두 소통을 돕기 위한 단순한 보조 수단이다. 그러니 실전에서 노트테이킹은 통역의 종류에 따라 각기 다른 기능을 수행한다.

- **대화 또는 수행통역의 노트테이킹**

이 경우 주로 대화의 형식으로 두 언어가 끊임없이 소통되기 때문에 노트테이킹이 사용되는 경우는 드물다. 실제로 일부 법률통역에서 통역사는 아예 노트테이킹을 하지 않는데 이는 단순히 노트테이킹이 의무가 아니기 때문이다. 그 이유에는 여러 가지가 있다. 통역사는 메시지가 담고 있는 의미를 재빨리 파악하고 순간적으로 기억에 담아야 하며 그와 거의 동시에 다른 언어로 전환해야 한다. 그러나 노트테이킹을 하면 메시지를 파악하고 통역하는 데 온전히 투입되어야 할 통역사의 집중력이 노트테이킹에 분산되기 때문에 오히려 집중에 방해가 되고 통역의 속도가 떨어지며 메시지의 흐름이 끊길 수 있다.

그러나 숫자나 백분율, 복수 인물의 이름, 세부적인 위치, 시간 또는 날짜, 무게나 도량형 단위와 같이 짧은 시간 동안에도 기억하기 어려운 정보들이 분명히 있으며 이런 정보는 노트테이킹을 하는 것이 최선이라고 볼 수 있다.

노트테이킹을 할 것인지 말 것인지, 그리고 어떤 내용을 적어서 기억을 보조할 것인지는 통역사의 판단이다. 또한 노트테이킹이 꼭 필요한 업무인지 판단하는 것도 통역사가 할 일이다. 일단 위와 같은 세부 정보들이 대화에서 언급되면 기억하기가 어려우므로 노트테이킹을 하되 대화 논리의 흐름이 끊기지 않도록 주의하도록 한다.

• 순차통역의 노트테이킹

법률통역에서 일방 순차통역은 자주 사용되지는 않는데 이는 업무 성격상 대부분의 업무가 토론을 통해 세부 내용을 주고 받는 방식으로 이뤄지기 때문이다. 순차통역이 행해질 경우 발언자가 10분에서 20분 가량 끊임없이 발언하는 경우가 많으므로 매우 지속적인 노트테이킹이 필요하다. 이 정도의 시간 동안 노트의 도움 없이 통역사가 모든 주요 정보를 기억하는 것은 거의 불가능하다. 따라서 순차통역 시

노트테이킹의 필요성에 대해서는 합의가 이뤄진다고 볼 수 있지만, 실제 적용 방법에 대해서는 매우 다른 관점이 존재한다. 또 노트테이킹 방식 자체에 대해서도 다양한 연구가 나와 있다. 그러나 노트에 내용을 기록하고 기억을 되살리는 데 있어서 자신만의 고유한 전략이 있고 따라서 자신만의 기술과 체계를 발전시키기를 원하는 통역사에게, 정해진 노트테이킹 기호 체계를 가르치는 것이 과연 유용한지에 대해서는 의견이 크게 엇갈리고 있다.

• 동시(회의)통역과 위스퍼링 통역의 노트테이킹

동시통역은 통역 중에서도 최고의 집중력을 요하는 통역이다. 통역사는 연사의 발언 속도에 영향을 미칠 수 없으며, 연사의 말을 듣는 동시에 통역을 하기 때문에 한 의미 덩어리가 완전히 끝나기를 기다려서 의미를 통째로 재구성하여 전달하는 통역이 불가능하다. 연사의 말을 바로 몇 마디 뒤에서 따라가고 자신이 통역하는 문장이 어떻게 끝날지 알 수 없는 상황에서 노트테이킹은 사실상 완전히 배제된다. 필요한 경우, 간단한 기호나 단어를 받아 적을 수는 있겠지만 그 이상은 불가능하다.

2.3 법률통역사의 문장구역 능력

문장구역*sight translation* 능력은 보통 통역사의 여러 능력 중 하나로 간주된다. 통역과 마찬가지로 문장구역 수준에 도달하려면 두 언어가 원어민 수준 또는 원어민에 가까운 수준이어야 한다. 문장구역은 통역사의 모국어에서 외국어로 이뤄질 수도 있고 그 반대로 이뤄질 수도 있다. 법정 문장구역은 보통 통역사가 법정 업무 수행 도중 문서화된 내용의 의미를 구술로 통역할 필요가 있을 때 이뤄진다. 즉 편지 등 일반적으로 짧은 내용의 문서를 눈으로 읽으면서 통역하는 것이다. 통역사는 이를 위해 문서 내용의 요지를 신속히 파악하는 동시에 해당 내용을 눈으로 번역하여 정확하고, 명료하고, 유창하게 통역할 수 있을 정도의 언어적 유연성을 갖추어야 한다.

문장구역은 쉽게 획득할 수 있는 능력이 아니다. 꾸준한 연수와 실전 연습, 그리고 문서로부터 통역을 해내는 절차에 대한 지식이 필요하다. 양 국가의 문화, 관습, 구두 또는 문서 소통을 할 때 사용되는 형식, 그리고 이들 요소들이 문장구역 관련성에 대한 지식 또한 요구된다. 문서의 내용을 빨리 파악하기 위해서 양 언어의 구조와 구문에 대한 지식도 필수적이다. 특히 법률통역의 경우 통역사는 문장구역 전 텍스트를 미리 보고 준비할 시간이 불과 몇 분밖에 되지 않기 때문에 상기와 같은 능력을 갖추는 것은 필수적이라 하겠다.

만약 (짧은) 문장구역 준비 단계나 문장구역 도중 원활한 업무 수행이 불가능하다고 판단될 경우(주로 이해하기 어려운 전문용어의 등장으로 인해) 통역사는 즉시 그 사실을 시인하고 문장구역 업무를 포기해야 한다(제7장 참조).

2.3.1 문장구역의 수행 준거

문장구역 임무를 부여받고 준비 시간이 매우 짧은 상황에서(보통 5분 이내)에 통역사는 다음과 같은 기준을 만족시킬 수 있어야 한다.

• 해당 문서를 정확하게 문장구역으로 전달하고 원문의 의미를 임

의 내용 추가나 생략 없이 완전하고 정확하게 전달할 것

- 이해를 어렵게 하는 억양 없이 유창하고 명료하게, 지나치게 느리거나 빠르지 않게 할 것
- 문장구역 중 해당 문서의 용어와 언어의 사용역, 논조를 정확히 반영할 것
- 개념과 의견도 사실에 입각한 정보와 같은 수준으로 정확하게 전달할 것
- 필요할 경우 복잡한 전문용어나 도착어에 구체적 등가가 없는 내용은 의미를 풀어 설명할 것
- 양 측간 해석 차이로 이어질 수 있는 문화적 암시가 있을 경우 분명하게 밝히고, 참석자들이 행여 통역사의 설명을 원문의 일부분으로 착각하지 않도록 만전을 기할 것.
- 문장구역 중 불명확한 부분이 있으면 최대한 분명하게 밝힐 것
- 위 두 경우에서 대처할 능력이 부족하다 싶을 경우 즉시 업무를 포기할 것

2.3.2 문장구역의 평가지침

법정에서 요구되는 문장구역은 상대적으로 짧은 경향을 보인다. 만약 장문의 문서가 있다면 문장구역보다는 번역이 요구될 것이다. 또한 문장구역은 극도의 집중력을 필요로 하기에 장시간 진행될 수 없다. 따라서 문장구역 능력 평가 시에는 적절한 지문의 선택이 특히 중요하다. 수행 준거의 대부분이 지원자가 처음 문장구역을 시작한 지점부터 어느 정도 진행이 된 이후까지에 걸쳐서 평가되므로 지문이 지나치게 어려워서 시작조차 할 수 없어서는 안 된다. 평가를 위해 선정되는 지문은 앞서 기술한 모든 수행 준거에 대해 지원자들의 능력

을 평가할 수 있는 것이 이상적이다. 마지막 두 수행 준거는 지문에 의도적인 장치가 되어 있다는 정보를 미리 지원자들에게 전달한 경우에만 적용하도록 한다.

설정한 기준과 등급에 따라 지원자의 각 수행 준거 성취도를 평가하는 동안에도(1장 마지막 항목 **평가지침** 참조), 지원자의 전체적인 능력을 항상 염두에 두도록 한다.

- 지원자의 능력이 실제로 법정에서 문장구역 업무를 수행하기에 충분한가?
- 시험에 사용된 지문에 대한 지원자의 전체적인 이해도는 어느 정도인가?
- 지원자가 법률업무를 하는 통역사에게 매우 중요한 자질인 자신감을 보였는가?
- 지원자의 능력 중 특히 뛰어났던 부분은 무엇인가?

2.4 통역을 위한 기본 번역기술

일부 EU 국가에서는 통역사가 자신이 수행하는 통역 업무를 뒷받침하기 위해 번역을 해야 하는 경우가 종종 있다. 물론 통역사의 번역은 출판 번역 수준이 되어야 할 필요는 없고 스타일에 있어서 특정한 형식을 따를 필요도 없으며 전문 법률번역사라면 당연히 준수해야 할 모든 법률번역 기준을 만족시킬 필요도 없다. 그러나 통역사의 번역은 의미를 명료하게 전달해야 하며 모든 세부 내용이 정확하고 신뢰할 수 있어야 한다. 이 정도의 능력을 갖추기 위해서 법률통역사는 양 언어에서 일반적으로 사용되는 언어적 개념에 대한 지식을 갖추어야 하고, 언어적 개념이 차이를 보이는 부분에서 그 차이들이 번역의 과정에 미치는 영향을 이해해야 한다. 아울러 통역사는 각 언어가 사용되는 문화에 익숙해지고 번역과 관련한 각 문화만의 고유한 관행 및 형식, 그리고 이런 요소들이 실제로 번역에 미치는 영향에 대해 숙지하고 있어야 한다.

통역 업무를 뒷받침하는 수준의 번역은 대부분 짧은 번역일 경우가 많다. 따라서 이런 번역을 할 때에는 빨리 마치는 것이 가장 중요하며 최소의 시간, 또는 한 시간 안에 끝마칠 수 있어야 한다. 길고 복잡한 문서를 번역해야 할 경우 그 업무는 보통 전문 법률번역사가 맡는다. 통역을 뒷받침하는 번역은 통역사가 사용하는 두 언어를 모두 요구하므로 통역사는 양 언어에 대해 모두 충분한 읽기, 작문 능력을 보유해야 한다.

본 장에서는 법률통역과 번역에 있어서 네 가지 기본 언어 사용 능력이 가지는 중요성을 반복적으로 강조해 왔다. 문장구역은 두 언어에 대한 읽기 능력을 필요로 하며 높은 수준의 읽기와 작문 능력은 번역의 기본이라 할 수 있다. 따라서 법률통역사로서 연수받고 평가받기를 원하는 지원자들은 두 언어에 대한 읽기, 작문 능력이야말로 이 직종에 종사하기 위한 필수 조건이라는 점을 반드시 인식해야 한다.

2.4.1 법률통역을 위한 번역의 수행 준거

법률통역을 뒷받침하기 위한 번역 평가는 통역사가 사용하는 양 언어 모두를 대상으로 실시되어야 하며 각각 한 시간을 초과해서는 안 된다. 통역사는 양 언어에 대해 거의 비슷한 수준의 능력을 갖출 것으로 기대되므로 지문은 해당 통역사의 언어와 번역 능력을 평가하는 데 있어서 유사한 난이도를 가진 것으로 선택한다.

통역을 뒷받침하기 위한 번역을 평가할 때, 지원자들은 반드시 사전이나 기타 참고 자료를 장시간 참고하는 일 없이 번역을 완수해야 한다. 구체적으로 지원자들은 다음과 같은 기준을 만족시켜야 한다.

- 과제를 제 시간 안에 완수하기 위해 주어진 시간을 효과적으로 사용하고 기본적인 시간 관리 법칙들을 적용할 것
- 시험 지문을 정확하게 번역하고 원문의 의미를 완전하게, 명료하게, 정확하게 전달할 것
- 사실에 입각한 정보뿐 아니라 개념과 의견도 번역할 것
- 원문의 언어 사용역과 어조를 정확하게 반영할 것
- 필요한 경우 원문의 복잡한 구나 용어에 해당하는 표현을 도착어에서 즉시 찾기 어려운 경우 그 의미를 알기 쉽게 바꾸어 번역할 것
- 원문이 모순된 내용이나 불명확한 내용을 담고 있을 경우 이를 지적하고 가능하면 해당 문제를 해결할 수 있는 방법을 제안할 것

2.4.2 법률통역을 뒷받침하기 위한 번역의 평가지침

설정한 기준과 등급에 따라 지원자의 각 수행 준거 성취도를 평가하는 동안에도 (제1장 마지막 항목 **평가지침** 참조), 지원자의 전체적인 능력을 항상 염두에 두도록 한다.

- 심각한 오해를 야기할 수 있는 오류 없이 원문의 핵심적인 내용을 전체적으로 잘 전달하였는가?

- 번역에 사용된 언어가 전체적으로 조리 있고 명료한가?
- 모호한 구절이나 원문의 어조, 관용구를 확실히 이해하고 번역하였는가?
- 번역이 전체적으로 제 구실을 다 하고 있다고 볼 수 있는가?
- 번역한 내용 중 특별히 뛰어난 부분이 있는가?

기타 평가지침 세부사항

- 법률통역사를 대상으로 하는 번역 시험을 준비할 때 담당자는 해당 법 체계와 절차의 법적 언어와 세부적인 내용을 최대한 원문에 포함시키는 것이 좋다.
- 평가에 응시하는 법률통역사들 수준에서 복잡한 번역을 해낼 것으로 기대되지는 않는다. 그럼에도 불구하고 모든 지원자들은 법적 맥락에서의 기본적인 번역 능력을 보는 당 시험에서 자신의 능력을 마음껏 발휘할 수 있는 기회를 가져야 한다.

3. 1단계 학위 및 학사학위 수준 법률번역

만약 독자가 원하는 정보가 오직 법률번역에 관한 것이라 1부와 2부를 그냥 지나쳤다면 1부 첫 항목부터 **평가지침–몇 가지 개략적 제안**까지는 반드시 정독하기를 권한다.

번역은 출발어로 쓰여진 문서의 의미를 도착어로 전환하여, 도착어로 원문을 재창조하는 과정이다. 만약 라틴어와 아라비아어, 라틴어와 중국어의 경우처럼 서로 문자 체계가 완전히 다를 경우 사전에 약속한 특정한 규칙을 따라야 한다. 예를 들면 이름의 번역, 표기법이 그러하다.

법률번역에 요구되는 기술과 지식

법률번역은 각종 구성 방식, 증명서, 계약서, 유언, 보험 증서, 신탁 문서, 진술서, 다양한 길이의 명령서 등 모든 종료의 법적 문서를 대상으로 한다. 이런 종류의 문서를 완벽히 이해하기 위해서 법률 번역사는 자신이 속한 법 체계, 법 구조, 재판 절차, 법률 용어에 대해 충분한 지식을 갖추고 있어야 한다. 아울러 법률 번역사는 자신이 번역하는 특정 문서가 요구하는 법적 언어 표현 능력을 갖추기 위해 필요한 지식과 읽기 및 작문 능력을 갖추고 있어야 한다.

일부 국가와 법률기관에서는 아직도 두 가지의 언어를 말할 수 있다면 통역이 가능하다는 잘못된 생각을 하고 있는 사람들이 있지만, 번역이 특수한 기술이 필요하다는 인식은 상대적으로 널리 받아들여져 왔다. 번역 대상 문서를 완벽하게 이해하기 위한 높은 수준의 **읽기 능력**이 그 중 하나다. 특히 법정 문서는 전문 지식을 요하는 경우가 많고 사용되는 언어도 일반적인 언어와 다르다. 또한 법정 문서는 긴 복문 구조를 사용하는 등 구문 형태도 매우 복잡하다. 게다가 문서가 담고 있는 법적 전후 관계가 완전히 생소할 수도 있고, 올바른 법률 용어와 어휘를 선택하기 위해서 특수한 전문 지식이 필요한 경우가 많다.

법정문서를 번역할 때는 철자법의 오류나 오타, 구두점 잘못 찍기와 같은 실수가 절대 있어서는 안 된다. 번역물의 정확성에 대한 신뢰도를 저하시키기 때문이다. 특히 법적인 맥락에서는 더욱 주의를 기울여야 한다. 번역물 맞춤법 검사 시 컴퓨터 워드 프로그램에 의존하는 경우가 많지만 이 역시 완전하지 않으므로 직접 살펴보는 노력이 필요하다. 숫자나 이름의 정확한 번역 역시 그 못지 않게 중요한 부분이다.

특히 법률 번역사들은 고급 **작문 기술**을 습득하고 있어야 하며, 각각 다른 종류의 문서를 그에 알맞은 언어 사용역으로 번역하는 유연성을 갖춰서 원문의 내용뿐 아니라 그 내용이 전달되는 방식까지 정확하게 반영할 수 있어야 한다. 법률 번역사들은 또한 도착어에서 지켜야 할 특정한 형식의 문서와 특정한 맥락에 사용되는 문체의 관행과 언어의 사용역에 정통해야 한다.

번역은 높은 수준의 작문 능력을 필요로 하기 때문에 한 학파에서는 흠이 없는 번역을 위해서는 법률번역을 비롯한 모든 종류의 번역은 항상 도착어가 모국어인 번역사가 해야 한다는 주장을 펼치기도 한다. 그러나 요즘에는 이런 주장이 차츰 힘을 잃고 있으며 그에 대해서는 여러 가지 이유가 있다. 오늘날처럼 다문화, 다언어 사회에서 2세대 이민자들은 이민 국가에서 사용되는 언어를 원어민 수준 또는 원어민에 거의 근접한 수준으로 이해하고 구사할 수 있다.

그 못지 않게 중요한 사실은 법률번역의 경우 위와 같은 외국어-모국어 법칙 적용이 거의 불가능한 언어 조합에 대한 수요도 있을 수밖에 없다는 것이다. 예를 들면 요루바*Yoruba*어를 유럽의 언어로 번역하는 경우다. 그러나 법률번역이 원어민에 의해 실행되든 그렇지 않든, 항상 완벽한 정확성의 보장이 기준이 되어야 하며 그 외 본 장에서 기술한 기타 언어적 요구 사항 역시 모두 충족되어야 한다.

법률통역사들은 외국어와 모국어 양 언어로 모두 번역을 해야 하므로 양 언어 모두를 대상으로 다음에 설명된 모든 측면에서 평가되어야 한다.

언어의 사용역이나 문체는 정형화된*formulaic*, 공식적*formal*, 비공식적*informal*(다양한 단계로), 구어체적*colloquial*(지역에 따른 관용적 표현 포함), 섬세한*delicate* 또는 친밀한*intimate* 단계로 분류할 수 있다. 타 분야의 전문 번역사와 마찬가지로 법률번역사는 특정 번역 어려움을 해결하기 위해 어떤 종류의 정보가 필요한지 결정하고, **간단한 조사**를 통해 해당 정보의 인쇄본이나 전자본을 찾아볼 수 있어야 한다. 아울러 전문용어 사전이나 전문용어 은행*terminology bank*, 법 전문가나 특정 분야의 전문가에 대한 질의를 통해 필요한 정보를 획득할 수 있어야 한다. 번역사의 흔한 실수 중 하나로 사전에 제시된 단어의 여러 뜻 가운데 잘못된 뜻을 선택해서 번역에 오류가 생기는 경우를 들 수 있다.

마지막으로 번역사는 최신 컴퓨터를 사용할 수 있어야 하며, 정보를 입력하고, 번역물을 인쇄하거나 이메일로 전송하고, 디스크에 저장하는 등 컴퓨터를 능숙하게 다룰 줄 알아야 한다. 번역이 끝나면 최종본을 교정하는 작업이 기다리고 있다.

3.1 법률번역사의 기본 읽기 능력 수행 준거

본격적으로 전문 법률번역 연수를 시작하기 전에 법률번역사 지망생 또는 연수생들은 법률번역사에게 요구되는 기본적인 읽기 능력에 대해 다음과 같은 기준을 만족시켜야 한다.

- 복잡한 법적 언어로 표현된 사실과 정보도 완전히 이해할 것
- 원문의 사회적, 문화적 관련성과 해당 요소가 내용을 완전하게 이해하는 데 미치는 영향을 파악할 것
- 원문의 형식 수준과 해당 형식 수준이 내용을 완전하게 이해하는 데 미치는 영향을 파악할 것
- 원문의 다양한 언어 사용역과 그 존재 이유*raison d'être*를 파악할 것
- 복잡한 법적 언어로 표현된 추상적인 관념과 이론적인 설명도 완전히 이해할 것
- 원문의 핵심 요지를 파악할 것
- 서로 상충하는 의견과 이론 간의 차이점과 유사점을 파악할 것
- 원문의 논조, 의미, 명백한 암시를 파악할 것
- 의도적이든 그렇지 않든 원문에 명백하게 불명료한 부분이 있을 경우 이를 확인하고 처리할 것. 필요한 경우 전문가의 도움을 받거나 조사를 실시할 것. 시험을 보는 상황이라면 실제 상황에서는 그 문제가 해결되어야 한다는 점을 명시할 것.

위 기준은 다음과 같은 지식에 의해 뒷받침되어야 한다.

- 법정 상황에서 요구될 수 있는 광범위한 일반 및 전문용어에 대한 지식
- 복잡한 구조를 가진 문서도 정확하게 이해할 수 있을 정도의 양 언어의 문법과 구문에 대한 완벽한 지식

• 관용구와 언어의 사용역에 대한 폭넓은 지식

위와 같은 능력은 다음과 같은 방법을 통해 획득할 수 있다.

• 일반 어휘의 지속적인 학습 및 갱신
• 사전, 전문 학술 서적, 전문용어 은행, 또는 기타 자료를 이용한 전문용어에 대한 지식 확장
• 구어적 표현, 관용구, 지역별·주제별로 특화된 표현을 포함한 언어 사용상의 변화에 대한 지속적인 관찰
• 필요할 경우 전문용어 정리

3.2 법률번역사의 기본 읽기 능력 평가지침

가능하면 지원자들이 교육을 받은 법률분야의 실제 문서를 사용하도록 한다. 지원자의 읽기 능력이 요구되는 수준에 도달하는지, 구술 또는 작문을 통해 시험해볼 수 있는 전략을 고안할 필요가 있다. 번역사에게 읽기 능력은 출발어로 작성된 법정문서를 완벽히 해독하고 도착어로 옮기기 위해 필수적으로 요구되는 기술이다. 시험관은 지원자가 충분한 읽기 능력을 갖추고 있는지 판단하기 위해 필요한 시험 분량이 어느 정도인지 결정해야 한다.

상기 평가기준 중 일부는 지원자에게 구술 또는 작문을 통해 시험 지문의 특정부분을 표현하도록 요구함으로써 가장 효과적으로 측정될 수 있다. 예를 들면 지문에 모호한 구절을 의도적으로 포함시키고, 이 구절을 찾아내 명료하게 설명하도록 요구하는 식이다.

평가에 있어 중요한 고려사항 중 하나는 해당 평가를 통과함으로써 얻을 수 있는 법률번역사 자격을 어느 정도로 한 분야에 특수화, 전문화시킬 것인가 라는 점이다. 그러나 그 전문화의 수준과는 상관없이 평가를 통과하고 공식 법률통역사 자격을 획득한 이들은 궁극적으로 자신이 활동하는 분야에서 아무런 문제 없이 모든 업무를 수행할 수 있어야 한다. 이 과정에서 뛰어난 읽기 능력은 큰 기여 요소로 작용한다.

법률번역사 평가시험은 위에 제시된 수행 준거를 최대한 많이, 또는 평가의 유형에 따라 특정 맥락과 관련된 수행 준거를 최대한 많이 포함시켜야 한다. 시험 채점방식을 표준화하기 위해서는 해당 지원자가 상기 제시된 수행 준거 중 각 기준을 어느 정도 만족시켰는지 판단하는 것이 좋으며 평가지침의 기타 요소들 또한 고려해야 한다. 이 방법을 통해 시험관은 평가대상 지원자가 각각의 수행 준거를 어느 정도 만족시켰는지 결정할 수 있다.

시험 채점방식의 표준화는 평가의 성격에 달려있다. 번역사 자격시험은 지원자의 읽기능력을 직접 평가하기 위한 부분을 포함하고 있을 것이다. 예를 들면 구술 또는 작문을 통해 특정구절의 의미를 묻거나 읽기가 쉽지 않은 특정부분에 대해 설명을 요구하는 등이다. 이렇게 제각각 다른 평가전략에 따라 그에 맞는 이상적인 채점방식을 적용하는 것은 시험 전체의 성격과 지원자들이 어떤 기준(광범위한, 일반적인, 집중적인, 전문화된)에 맞춰서 시험을 준비해 왔는지에 달려 있다.

각 수행 준거에 대한 지원자의 성취도를 평가할 때 지원자의 전체적인 읽기능력을 항상 염두에 두도록 한다.

- 지원자는 전문용어에 대해 충분히 폭넓은 지식을 가지고 있는가?
- 지원자는 특정 언어적 어려움을 해결하는 데 있어서 자신의 한계를 인식하고 있는가?
- 지원자는 법정 문서 이해에 적절한 정보공급원의 가용성을 충분히 인지하고 있는가?
- 지원자가 보여준 능력 중 어느 부분이 특히 긍정적이었는가?

3.3 법률번역사의 기본 작문능력 수행 준거

본격적으로 전문 법률번역 연수를 시작하기 전에 법률번역사 지망생 또는 연수생들은 법률통역사에게 요구되는 기본적인 작문능력에 대해 다음과 같은 기준을 만족시켜야 한다. 하기 기준은 해당 지원자가 전문 법정문서를 도착어로 번역할 능력이 있는지 알아보기 위한 것이다.

- 소통의 목적을 가장 잘 달성할 수 있는 언어전략을 사용할 것
- 관용구와 언어 사용역, 뉘앙스 등의 언어 요소를 활용하여 주제와 맥락, 글의 의도에 맞게 정보를 전달하고 문화적 요구조건을 고려할 것
- 글에 담겨진 발상, 이론, 견해를 전달하기 위한 언어를 사용할 것
- 모든 의미를 분명하고 명료하게 전달할 것
- 법조계에서 일반적으로 사용하는 전문적이고 복잡한 용어를 사용할 것
- 필요할 경우 참고 자료를 활용하고 규칙에 맞게 출처 표기를 할 것

위와 같은 기준을 달성하기 위해서 필요한 기초 능력에 대한 설명

은 바로 앞 항 **법률통역사에게 기본적으로 요구되는 읽기 능력**의 끝 항목에 있는 내용들을 참고하기 바란다.

3.4 법률번역사의 기본 작문능력 평가지침

도착어를 이용한 훌륭한 작문능력은 훌륭한 번역의 전제 조건이다. 번역사의 작문능력을 시험한다는 것은 이들이 법률 문서를 작성할 능력이 있는지 없는지를 평가하는 것이 아니다. 어쨌거나 번역사가 변호사의 역할을 할 필요는 없기 때문이다. 그러나 법률번역사의 능력을 평가하기 위해 주어지는 작문과제들은 법적인 전후 관계와 함께 지원자들이 가능한 한 적절한 어휘와 전문 법률용어, 적절한 구성방식을 사용하도록 요구해야 한다.

기본적으로 작문은 학습과 연습을 통해 향상된다. 그러나 기본적인 작문 스타일을 비롯해 선천적인 작문 능력 또한 무시할 수 없는 요소다. 만약 트레이너가 이 점과 관련해 연수생의 약점을 파악하고 있다면, 관찰을 통해 연수생에게 그에 맞는 조언을 해줄 수 있을 것이다. 그리고 이런 과정이 선행된다면, 시험이 실시될 즈음에는 핵심적인 작문기술을 숙달하지 못했거나 앞으로도 그럴 가능성이 없어 보이는 응시자의 수는 크게 줄어들 것이다.

시험 채점방식을 표준화하기 위해서 지원자가 각각의 기준에 맞춰 과제를 얼마나 성공적으로 달성했는지 평가할 수 있는 점수 척도를 도입하고, 합격 기준점수를 설정하도록 한다.

3.5 법률번역 기술 수행 준거

대부분의 법률번역사들은 법정재판에서 번역된 법정문서가 매우 중요한 역할을 한다는 점을 잘 인식하고 있다. 또 이렇게 번역된 문서들은 향후 참고를 위해 기록보관소에 보관되기도 한다. 따라서 법률번역사는 재판이 진행되는 동안 대단히 막중한 책임감을 느끼게 된다.

법률번역 능력을 테스트하기 위해서는 평가 대상자에게 번역 업무를 맡기고, 통제된 환경 또는 통제되지 않은 환경에서, 사전 및 기타 자료를 참고하거나 또는 참고하지 않고 번역을 완수할 수 있는지 여부를 보도록 한다. 어느 경우든 대체로 수행 준거는 유사하나 통제된 환경일 경우 규정된 시간 준수가 매우 중요하다는 점이 다르다. 번역 프로젝트에 있어서 준비 작업, 자료 조사, 정보 출처의 탐색 및 정보의 이용은 특히 핵심적인 부분이다.

법률번역을 위한 기본조건인 고도의 읽기, 작문능력에 더해 법률번역사는 다음의 기준을 만족시켜야 한다.

- 사실에 입각한 정보, 개념, 견해를 번역할 것
- 번역사가 일반적으로 번역할 수 있을 것으로 기대되는 표준어 및 각종 지역 · 국가 방언을 번역할 것
- 일반 · 전문 법률 문서를 번역하고 원문의 의미를 정확하게 반영할 것
- 복잡한 언어, 전문적인 어휘, 법률 용어 및 특수 용어를 효과적이고 정확하게 다룰 것
- 번역 내내 일관성 있는 질을 유지할 것

- 원문의 언어 사용역 및 문체를 정확하게 반영하고, 원문의 문체가 공식적인지 비공식적인지, 구어적인지, 가볍거나 또는 사적인지에 따라 언어 사용역을 차별화할 것
- 가능한 부분에 원문 저자의 태도, 문체를 적용할 것
- 두 언어 사이의 문화적 차이를 고려할 것
- 오해로 이어지거나 간과될 수 있는 문화적 추론을 설명할 것. 필요할 경우 각주 등 보조 수단을 사용할 것
- 원문의 복잡한 용어나 구절에 직접 대응하는 표현이 도착어에 없을 경우 알맞은 대응어를 찾을 것
- 원문에 모호한 부분이 있을 경우 이를 밝히고 최대한 명료하게 할 것
- 원문의 목적에 어울리는 구성 방식과 설명 방식, 언어의 관행을 사용할 것
- 특정 법률 문서를 번역할 때 도착어에서 전형적으로 쓰이는 어휘, 구성 방식, 문체, 표현 방식이 있다면 최대한 적용할 것

상기 기준은 하기 능력에 의해 뒷받침되어야 한다.

- 법적구조 및 절차에 대한 실질적인 지식
- 전문적인 어휘 및 법률 용어에 대한 폭넓은 지식
- 적절한 법적 언어를 상황에 맞게 사용하는 능력

위와 같은 능력은 다음과 같은 방법을 통해 획득할 수 있다.

- 스스로의 강점과 약점을 확인하는 자가 평가
- 법적 절차와 전문용어의 변화, 그리고 이런 변화들이 법률번역에

미치는 역할을 지속적으로 관찰하려는 의지

- 인쇄본, 전자본 등 모든 형태의 자료를 이용해 전문어휘나 법률 용어를 지속적으로 갱신하려는 의지
- 언어의 사용, 구어적 표현, 관용구, 지역별·주제별로 특화된 표현 등 언어의 모든 측면에서 법률번역에 영향을 미칠 수 있는 요소들의 변화를 지속적으로 관찰하고 갱신하려는 의지
- 법률문서에 따라 각기 다른 법적 형식*legal style*의 차이와, 번역사가 근무하는 국가에 여러 법 체계가 있다면 그 차이에 대한 인지
- 법률문서에 따라 관례적으로 달리 사용되는 각기 다른 법 조항 형식에 대한 연습
- 경력이 풍부한 선배 법률번역사 또는 법조계 종사자 등 법 전문가를 찾아 조언을 구하려는 의지
- 그 밖에 자신의 법률번역 능력을 향상시키기 위해 요구되는 모든 형태의 노력을 실시하려는 의지

3.6 법률번역 기술 평가지침

각 평가에 따라 전문화 정도는 차이를 보일 수 있지만, 일반적으로 법률번역 능력 시험의 전체적인 기준은 반드시 시험을 성공적으로 통과한 이들이 전문 번역사로서 자신의 직분을 다할 수 있는가에 맞추어져야 한다. 따라서 법률번역 능력 평가 시험은 일반적으로 법의 특정 분야에서 평가 대상자가 위에 언급된 수준에 도달했는지를 평가해야 한다. 법률번역사 지망생을 대상으로 한 교육 과정이 전반적인 법률번역 기술을 갖추는 데 그 목표가 있는지, 또는 보다 세분화되고 전문화된 기술을 익히는 데 초점을 맞추는지에 따라 평가방법 또한 차이를 보인다. 교육과정의 목표와 방식, 특히 번역해야 할 지문의 수와

번역 완수 시간 같은 요소들은 매 교육과정마다 다르며 시험도 마찬가지일 것이다. 그러나 지원자에게 요구되는 능력은 반드시 일정해야 한다.

각 수행 준거에 대한 지원자의 성취도를 평가하거나 기타 세부적인 평가방법을 적용할 때 지원자의 전체적인 능력을 항상 염두에 두도록 한다.

- 평가결과로 판단할 때, 지원자는 실제업무에서 개인의 사소한 실수 또는 전체적인 역량 부족이 치명적인 결과로 이어질 수 있다는 사실을 충분히 인지한 상황에서 법률번역을 완벽하게 완수할 수 있는 능력이 있는가?

- 지원자는 실제 업무에서 자신이 해결할 수 없는 번역상 어려움에 직면했을 때, 행동규범에 따라 즉시 그 업무를 포기할 수 있다는 사실을 명확히 이해하고 있는가?

- 지원자가 다양한 종류의 법률 문서에 따라 각기 다른 문서형식을 적용할 능력이 있다는 증거가 충분한가?

- 지원자가 보여준 능력 중 전문 법률번역에 관련하여 어떤 점이 특히 긍정적이었는가?

법률번역의 언어적 기준 관련 결론

법률번역뿐 아니라 모든 분야의 전문번역은 높은 수준의 지식과 기술을 필요로 한다. 자신의 본분을 다하는 법률번역사가 되고자 한다면 그에 걸맞은 지식을 쌓고 기술을 닦아야 한다. 따라서 법률번역사에게 요구되는 능력 기준에는 일말의 타협도 있을 수 없다. 그러나 법은 매우 광범위한 분야며 어떤 법률번역사도 법의 모든 분야에 대해 완벽한 지식과 번역 능력을 갖출 수는 없다. 따라서 법률번역사 자격을 부여하기 위한 교육 과정의 커리큘럼과 평가는 보편적이고 일반적인 법률번역 지식 및 능력에 초점을 맞추거나, 아니면 특정분야에 대한 깊은 지식을 요구해 과정을 보다 전문화하거나 둘 중 하나를 택해야 한다. 다만 모든 교육과 평가의 궁극적인 목표는 각각의 전문화 정도에 상응하여 자신의 역할을 완벽히 수행하는 법률번역사를 배출하는 것임을 잊어서는 안 된다.

법률 통번역사 평가 품질보증 관련 소고(小考)

풍부한 경험을 갖춘 내부 또는 외부 시험관들의 참여는 어떤 분야의 평가나 자격증명에서 필수적인 요소로 보인다. 직접 실무를 경험한 전문가들의 개입 없이 어떻게 실전에서 필요한 수준의 능력의 평가하고 검증할 수 있단 말인가? 법률 통번역처럼 상대적으로 역사가 깊지 않은 전문 활동분야에서는 교육 및 평가의 외부적인 품질보증이 해당 직종의 선배들에 의해 이루어지는 경우가 대부분이다.

그러나 이들은 전문직 연수생을 평가하기 위한 자격인증서는 고사하고 타인을 가르치거나 연수시키는 데 있어서 공식적으로 통용되는 자격인증서도 없을 수 있다. 또한 이들은 연수생을 평가하는 데 있어서 유용하게 사용되는 지식이나 기술도 보유하지 못한 경우가 많을 것이다. 그러나 해당 업계에서 오랫동안 현장 경험을 쌓은 전문가들은 현장에서 요구되는 완벽하게 업무를 완수할 수 있는 능력의 기준이 어느 정도인지 알고 있으며, 또 풍부한 현장경험을 보유하고 있다.

영국의 경우 현재 배치된 외부 시험관을 포함하여 내부 및 외부 시험관에 대한 자격 증명은 교육과 발전에 관한 국가 표준원*National Standards of Training and Development*에서 관장한다. 이 기관의 목표 중 하나는 직업 교육 기준에 대해 내부적으로 또는 외부적으로 적절한 품질 관리를 제공하는 것이다. 물론 여기에는 법률 통번역에 대한 국가적 기준도 포함된다.

D33과 D34 단위*unit*로 알려져 있는 이러한 자격증명은, 법률 통번역 영역을 포함해 각계에서 활동하는 시험관들의 교육 및 자격 증명에 대한 가이드라인을 제공한다. 법률 통번역사 평가 및 자격 증명 시험관으로 활동하고자 하는 이들은 법률 통번역 분야의 품질 보증이라는 중차대한 임무에 대해 상기기관이 제공하는 교육을 활용하는 것도 좋은 방법이다(본 장 마지막 항목 **참고사항** 참조).

4 석사 수준의 법률 통번역

영국의 공공 서비스 통역 디플로마(DPSI)를 제외하고, 현재 EU에서 사용되는 다수의 아프리카 어, 아시아 어, 유럽어에 대해 디플로마 또는 학사 수준 법률 통번역사 과정을 제공하는 국가는 거의 존재하지 않는다. 반면, 법률 통번역 석사 과정은 어렵지 않게 찾아볼 수 있으며 유럽 전체에 통용되는 법률 통번역 석사과정 개설에 대한 관심 또한 높아지고 있다. 따라서 지금부터는 법률 통번역 분야 전문 석사과정 개설 시 포함될 만한 구성 요소 또는 교과목과 더불어 해당 과정에 기대되는 교육수준에 대해 서술하겠다.

일반적으로 어떤 전문 분야에서나 석사 수준의 교육을 신뢰할 수 있는 수준으로 제공하기 위해서는 트레이너가 해당분야에서 명성이 있는 교육기관이 제공하는 학사과정을 거쳐야 한다는 인식이 지배적이다. 커리큘럼 설계에 대한 지식과 전문성, 교습과 학습, 연수에 필요한 자원, 그리고 특히 해당분야의 모든 영역, 즉 현장업무, 이론, 연수, 연구, 출판물 등에서 경험이 풍부한 일련의 유자격 직원들은 교육과정 개설에 있어서 필수불가결한 요소다. 아울러 학사학위 교육과정 개설 경험이 있는 교육기관은 최종 연수생 평가의 수준을 어느 정도로 잡아야 하는지 인지하고 있다고 기대할 수 있다. 이 평가의 수준은 전문 석사학위 과정 지원자를 선발하는 과정에서 하나의 선발 기준 또는 출발점을 의미한다.

법률 통번역사 연수 역시 마찬가지다. 법률 통번역은 비교적 신생 분야이기 때문에 이러한 디플로마 또는 학사학위 수준의 교육과정은 아직까지 충분히 발전되지 않았다. 특히 오늘날 EU내 다문화 국가들의 법률 통번역사는 다양한 언어를 사용하고, 이를 뒷받침해줄 교육과정이 절실한 상황인 데 반해 공급은 크게 떨어지고 있는 실정이다. 이런 국가에서 법률 통번역 전문 석사학위 개설을 계획하고 있는 교육기관들은 해당 교육과정을 단기적인 연수 과정으로 간주하기보다는 중장기적인 관점에서 기획하는 것이 바람직하다. 특히 오늘날 기본적으로 사용되고 있는 일부 비(非) 유럽어의 경우에는 더욱 그러하다.

이는 법률 통번역 분야에서 전문 석사과정을 준비하고 있는 교육기관들이 디플로마 또는 학사학위 수준의 언어능력 기준에 대한 경험을 필요로 한다는 점을 의미한다. 디플로마 또는 학사학위 과정을 마친 법률 통번역사는 자신이 교육받은 분야에서 완벽하게 자신의 업무를 수행할 수 있어야 한다. 또 이 수준은 법률 통번역 분야의 전문대학원 석사학위 과정에 입학하기 위한 전제조건 또는 출발점으로 권장된다. 본 장의 1,2,3부에 걸쳐 세부사항이 정리되어 있다.

법률 통번역 분야의 수준향상과 필수적 역량제고를 위한 석사과정의 역할은 무엇인가?

- 법률 통번역 기술향상
- 번역사의 번역물 상호 검토 및 교정
- 법률 관련 지식의 확대, 심화 및 갱신
- 전문분야 개발
- 통번역 이론 학습을 통한 경쟁력 심화
- 법률 통번역사 트레이너 양성 기술 개발
- 주제 관련 연구 방법론과 기술 개발
- 연구 프로젝트 수행 또는 논문 작성
- 논문 출판
- 응용 언어학 선택분야를 통한 능력보강
- 법률 통번역사를 위한 관리운영 능력

법률 통번역 기술향상

본 장의 앞부분에서 기술된 수행 준거를 참고하도록 한다. 통번역 기술훈련 시 이들 수행 준거를 기본적인 기준으로 설정한다. 통역사들은 까다롭고 복잡한 언어사용 시 통역의 전달방식, 속도, 유창성, 발음을 비롯해 유연성을 향상시킬 수 있을 것이다.

번역사들은 연습과 지도(철자법 포함!), 각주 사용법, 그 밖에 번역 중 직면할 수 있는 특정 어려움을 해결할 수 있는 방법 훈련을 통해 작문능력을 향상시킬 수 있을 것이다.

꾸준히 연습하면서 직원과 동료, 연수생 동기들로부터 피드백을 받도록 한다. 늘 더 나은 능력을 목표로 정진해야 한다. 당신의 능력은 공식적, 비공식적으로 주변의 직원들과 연수생들에 의해 개인 수준에서, 또는 집단 수준에서 평가되고 있을 것이다.

번역사의 번역물 상호 검토 및 교정

번역사들이 서로의 번역물을 심사, 검토, 교정하는 과정은 물론 법률번역에도 똑같이 적용된다. 최소 2인 이상의 번역사들이 모여 실시하는 이 과정은 법률번역사들이 실무에 투입되었을 때 직면할 수 있는 번역상 오류나 부정확한 번역에 미리 익숙해질 기회를 제공한다. 또한 이 과정은 번역사가 글 전체 또는 문장 수준에서 표현과 문체를 향상시킬 수 있는 방법이다. 훈련은 번역사의 지문 분석 능력 및 체계적인 교정 능력 숙달에 초점을 맞출 것이다. 평가 방식은 연습에 사용된 지문의 종류와 품질에 따라 달라지지만, 해당 법률분야의 전문용어에 대한 지식과 일반적으로 적용되는 관행 및 양식에 기반해 교정의 일관성, 정확성, 접근에 있어서의 세심함 등을 주요 평가기준으로 삼아야 한다.

전문분야 개발

굉장히 다양한 법률분야가 존재한다는 점을 고려할 때, 자신만의 전문분야를 개발하는 것은 석사 수준의 학습에서 매우 중요한 측면이다. 연수생들은 스스로 전문 분야를 선택하여 어느 정도 수준까지 독립적으로 공부하고 연구할 수 있다. 이 과정을 통해 기대되는 성과는 통번역 능력 향상과 더불어 자신만의 정보 창고와 용어집, 정보탐색 방식을 생성하고 적용하는 것이다. 이와 같은 노력은 그에 알맞은 형식을 통해 평가되는 것이 응당하나 특정 연수생의 구체적인 전문분야에 따라 통역 능력시험을 개발하는 것은 매우 어렵고 많은 노동력의 투자를 요구할 것이다. 전문분야는 향후 교육을 마치고 본격적으로 법률 통번역사로 활동할 때 직무 결정에 있어 특히 중요한 요소로 작용할 것이다.

지원자의 능력 평가는 지원자의 분야 선택, 해당 분야의 폭과 깊이, 지원자의 참여 등의 요소에 따라 달라진다. 이 과정의 구성 요소가 가지는 중요성에 따라 최소한의 능력 기준을 설정할 수는 있겠지만 모든 경우에 적용 가능한 표준은 존재하지 않는다.

법률 관련 지식의 심화, 확대 및 갱신

통역사는 해당 법률주제에 대한 지식을 충분히 쌓을 수 있는 기회를 가져야 한다. 실제 통역 시에는 세세한 정보들이 정확한지 부정확한지 점검하는 것이 사실상 불가능하므로 해당 주제에 관한 충분한 지식의 필요성은 아무리 강조해도 지나치지 않다. 아울러 위스퍼링 통역 등 동시통역을 수행 시 배경지식이 있으면 발언 중 언급되는 세부정보를 어느 정도 예상할 수 있으므로 보다 신빙성 있는 통역을 할 수 있다.

주제와 관련한 지식은 법률 번역사에게도 마찬가지로 큰 중요성을 지닌다. 해당 주제에 대한 충분한 지식이 있다면 사전이나 기타 참고자료를 찾아볼 필요 없이 신뢰성이 더 높은 번역을 더 빠른 속도로 제공할 수 있다.

강의와 출판된 자료를 이용하여 끊임없이 훈련하고 피드백을 받도록 한다. 늘 더 나은 능력을 목표로 정진해야 한다. 이 과정의 경우 법조계 종사자의 참여와 실제로 법률 사무에서 사용되는 문서의 활용이 특히 중요하다.

통번역 이론 학습을 통한 경쟁력 심화

통역 업무를 수행할 때 통역사는 단순히 눈 앞에 놓인 단어 또는 문장을 어떻게 변환할지 고민하기보다는 더 큰 그림을 보는 것이 더욱 도움이 된다. 이렇게 자신의 역할을 전체적인 맥락에서 살펴보면 법률통역사가 해당 법정 사안, 참여하고 있는 당사자, 그리고 재판 절차 전체에 대해 미치는 영향을 뚜렷이 파악할 수 있으며, 이 영향을 최대한 활용하고 당사자들의 근저에 깔려있는 관계를 보다 민감하게 파악할 수 있다.

실력 향상을 위해 이 주제를 다룬 주요 자료와 비디오 사례 연구, 토론을 참고한다.

번역사는 번역의 대상이 되는 글이나 문서들 사이의 관계, 간여하고 있는 모든 당사자 사이의 관계, 문화적 차이를 포함한 외부 세계와 추론, 번역사의 역할 사이의 관계를 인식하고 있어야 한다. 번역사가 오로지 '번역에만 빠져 있을 때*lost in translation*' 그로 인해 발생하는 문제는 굉장히 심각할 수 있다.

통역사와 번역사는 서로 다른 언어와 문화 사이에 소통이 이루어지는 동안 발생할 수 있는 문제를 충분히 인식하고 이를 다룰 능력이 있어야 한다. 본 능력에 대한 평가는 일반적으로 에세이나 보고서 작성의 형태로 이루어지지만, 실제 또는 모의 사례를 직접 시연하는 것처럼 보다 참신한 방법도 사용될 수 있다.

법률 통번역사 트레이너 양성 기술 개발

트레이너에 대한 트레이닝은 매우 중요한 일이다. 특히 법률 통번역처럼 트레이너 훈련이 아직 충분히 이루이지지 않은 분야일수록 그 중요성이 더욱 두드러진다. 예를 들어 교육 분야의 경우 모든 수준에 걸쳐 교사 훈련 프로그램이 확고히 자리 잡고 있으며 유능한 교사 훈련에 대한 필요성 또한 충분히 인지되고 있다. 이런 분야에서 정규 훈련을 받지 않았거나 자격을 획득하지 못한 교사가 연수생을 가르치는 것은 상상 밖의 일일 것이다. 그러나 아직 태동기에 있는 법률 통번역 분야에서는 이런 원칙이 똑같이 적용될 수 없다.

법률 통번역사 석사 교육 과정에 트레이너를 훈련하기 위한 과목을 삽입한다면 이 격차를 메우는 데 어느 정도 도움이 될 것이다. 또한 트레이너 훈련 과목을 수료할 경우 향후 전업 트레이너로 활동하는 것도 고려해 볼 수 있을 것이다.

트레이너 훈련 과목은 교습 기술과 사람을 관리하는 기술을 포함해야 한다. 교습 방식은 기본적으로 두 명의 연수생이 짝을 지어 한 명은 마치 자신이 트레이너인 것처럼 실제로 가르쳐보도록 하고, 다른 한 명은 파트너의 교습 능력을 평가하고 부족한 부분에 대해서 조언을 해주는 방식으로 이뤄진다. 이 방법은 사람 관리 기술과 함께 평가 방법론에 대한 기본적인 훈련을 포함하고 있다. 체계화된 채점 기준을 도입할 수도 있을 것이다. 두 명씩 짝을 지어 다수의 동기들 앞에서 이 방법을 시연한다면, 집단적인 참여와 평가가 이루어질 수 있을 것이다.

번역사 또한 마찬가지로 두 명씩 짝을 지어 상대방의 번역을 평가하는 과정에서, 평가 기준 및 체계의 가치와 적용 등을 포함하여 타인의 번역을 평가하는 법을 익힐 수 있고, 동시에 관련 법률 주제에 대한 지식을 자연스럽게 쌓을 수 있을 것이다.

최종 시험은 연수생들이 평소에 연습하는 과정을 그대로 시연하게 한 뒤 피드백을 주는 방식으로 이뤄질 수 있다. 수행 준거는 집단 수업을 통해 개발되고 시험될 수 있으며, 듣기와 발표 능력, 프로젝터 사용, 목소리 조절, 폭넓은 지식에 기반하여 각종 기술과 절차를 설명함으로써 연수생들을 독려하는 능력, 그리고 훈련 수업에서 연수생들을 지도하고 피드백을 주는 능력을 포함한다.

주제 관련 연구 방법론과 기술 개발

연구 방법론은 통계적 응용을 포함하는 굉장히 다양한 범위의 주제를 포괄하며, 이에 따라 석사 과정 교육의 큰 부분을 차지하는 경우가 많다. 이 과목을 성공적으로 이수한 연수생들은 장래의 훌륭한 연구원으로서 이 분야의 지식 형성에 큰 기여를 할 것이다. 그러나 만약 해당 석사 과정이 실질적인 통번역 능력 향상에 더 높은 비중을 두고 있다면 고급 연구 방법론은 과정에 포함이 되지 않을 수도 있다. 그럼에도 불구하고 법률 통번역 석사 과정을 성공적으로 졸업한 통번역사라면 누구나 자신의 학문 분야와 관련 있는 연구 방법론에 익숙해야 한다. 향후 연구 논문을 쓸 때나 연구 프로젝트를 진행할 때 필수적으로 이와 관련된 지식이 필요할 것이기 때문이다.

이 과목의 평가는 연구 프로젝트와 논문에 대한 평가로 구성된다. 수행 준거 또는 평가기준은 이 과목이 전체과정에서 얼마나 깊이 있게 다뤄지는지에 따라 다르다.

연구 프로젝트 수행 또는 논문 작성

석사과정에서 이 과목은 연수생들의 독립적인 사고, 학습, 연구를 요구한다. 그러나 개개의 연수생이 깊이 있는 연구가 불가능한 지나치게 광범위한 연구주제를 피하고 적절한 연구주제를 선택하도록 돕기 위해 일반적으로 트레이너의 지도가 요구된다. 석사과정의 연구에서는 지식에 대한 탐색에 반영된 호기심과 최근에 제시된 새로운 연구방법론을 실험하려는 욕심이 나타나야 하며 이런 요소들은 학업을 마친 다음에도 연구를 이어갈 수 있는 동력으로 이어진다.

이 과목의 평가는 완전히 정립된 또는 혁신적인 방법론의 이용에 있어서 얼마나 많은 노력이 투입되었고 우수한 기술이 사용되었는지, 검증대상이 된 가설의 질은 어떠한지, 연구의 깊이와 세심함은 어떠한지, 연구의 결과와 발표력은 어떠한지에 달려있다. 통제집단을 이용한 통역 관찰 연구법은 매우 유용한 정보를 제공하겠지만, 그만큼 연구과정도 까다롭다.

논문 출판

논문을 출판할 목적으로 연구하는 법을 배우는 것은 장래에 본격적인 연구를 수행하기 위한 동기를 제공한다. 아울러 석사 학위 연수생들은 이 과정을 통해 의견개진 능력과 작문능력을 더욱 향상시킬 수 있다.

이 과목의 평가는 주제의 관련성과 더불어 해당 프로젝트가 얼마나 혁신적인 사고와 독창전인 연구에 기반하고 있는지, 그리고 적절한 연구방법을 사용했는지를 고려한다. 연구결과를 발표하는 능력과 해당연구가 기존지식 발전에 어느 정도 기여를 할 것인지도 중요한 판단기준이다. 컴퓨터를 다루는 능력, 교정, 전자 출판*desktop publishing* 기술을 갖추어 놓으면 유용하게 사용할 수 있다.

응용 언어학 선택분야를 통한 능력보강

응용 언어학은 굉장히 광범위한 학문으로 법률 통번역과 관련된 분야를 일부 포함하고 있다(통역 및 번역 이론과는 별개). 통번역사가 언어의 구조, 구문, 문법, 소리 체계에 대해 지식이 풍부할수록 실제 업무에서 해당 언어를 사용할 때 자신감이 더욱 향상된다. 응용 언어학의 수많은 주제 중 어떤 주제를 선택할 것인지는 교육 과정의 목적과 구성, 활용 가능한 전문적 교육 기술에 따라 달라진다. 관련 있는 메타 언어와 그 개념에 대한 지식을 쌓음으로써 통번역사들은 관념적인 지식 기반을 쌓고, 동료들과 통번역 시 발생하는 특정 언어적 고충에 대해 논의할 때 '공통의 언어'로 소통할 수 있는 것이다. 이 기술은 또한 통번역사가 동료들의 작업을 감독하고 평가할 때 유용한 도구로 사용된다.

법률 통번역사를 위한 관리운영 능력

법률 통번역사는 다양한 범위의 전문적인 활동에 있어서 관리운영 능력을 갖추어야 한다. 다음은 특히 요구되는 능력의 목록이다.

- 자신의 업무에 대한 시간관리 능력과 타인에게 업무를 할당하고 감독하는 능력
- 다른 언어를 파악하고 해당언어에 경험이 풍부한 전문가를 찾는 지식을 포함한 언어를 관리하는 능력
- 의뢰자의 요청에 따라 통번역 서비스를 제공하고 전문가를 확보하는 능력
- 자신 또는 동료가 제공한 통번역 서비스에 대한 보수 협상능력
- 통번역사의 적정수준 보수에 대한 논의와 근무환경에 기여
- 신입 통번역사를 멘토로서 지원
- 트레이너 양성에 기여
- 특별한 문화적, 종교적 요구사항이 있을 경우 이 점을 반영하기 위해 최선을 다하고 필요할 경우 전문가에게 상담

- 훈련 절차를 포함한 행동규범과 바람직한 실무지침을 적용
- 자신의 업무맥락 그리고 타인의 업무에서 기량을 연마할 것
- 동료나 후배 통역사가 외상 후 스트레스 장애*post-traumatic stress*를 앓을 경우 초기지원
- 개인 사업자의 고용 법률 및 규제에 대한 지식
- 동 분야의 교육을 막 이수한 졸업생에게 제공하기 위한 직업 관련정보를 획득할 수 있는 지식

위의 관리운영 원칙 중 어느 것을 법률 통번역사 석사 과정에 적용할지는 해당 강의의 방향과 강의구조 내에 할당된 시간에 따라 달라진다. 실무에서 활약하는 전문가나 법조계 종사자들이 참여할 수 있다면 이상적일 것이다. 각 교육 과정마다 교육목표는 크게 다를 수 있고, 특정목표에 따라 상기 원칙 외에 다른 세부원칙도 추가될 수 있다. 따라서 평가에 요구되는 능력수준을 표준화하는 것은 불가능하다. 최종평가는 모의 사례연구에 기반해 실시될 수 있으나, 이런 시험을 준비하는 것은 매우 까다롭고 많은 시간이 걸린다. 응시자의 지식이 실제 업무 현장에서 적용될 수 있는지, 된다면 어느 정도 적용이 가능한지에 대한 평가가 주요 평가기준이 될 것이다.

석사 과정 연수생 평가지침

세부적인 평가 기준은 아직 정립되지 않았다. 기본적인 능력에 대한 기준은 본 장의 1,2,3부에 걸쳐서 제공되는 **수행 준거**와 **평가지침**을 참고하라. 법률 통번역사 석사 과정의 목표 중 하나는 관련이 있는 모든 수행 준거에 대한 능력을 향상시키는 것이다. 그러나 이 분야의 석사 과정은 개설 교과목부터 과목에 따른 상대적 가산점 책정 제도

까지 큰 차이를 보이므로 평가의 어느 부분이든 표준화하는 것은 거의 불가능하다. 더군다나 위에 제시된 석사 과정 평가 기준들 중 대다수는 단순히 디플로마 또는 학사 수준의 법률 통번역사 평가를 위해 제공되는 실질적인 수행 준거 만족도만으로는 평가할 수 없다. 그 이유 중 하나는 석사 과정에서는 응시자의 지적 능력, 혁신적이고 독립적인 사고 능력, 또는 연구 프로젝트와 방법론의 질과 같은 요인들이 크게 작용하기 때문이다. 이런 능력들은 단순히 일련의 수행 준거 또는 기준만으로는 평가할 수 없다.

5. 결 론

석사 수준의 법률 통번역사 교육과정을 개설하고 발전시키는 작업은 상당 부분 유럽국가 전체에 통용되는 공식 유럽 법률 통번역사 석사과정을 현실화 시키려는 노력에 달려 있다. 또한 이는 결국 EU 내에서 학사학위 및 디플로마 수준의 법률 통번역사 과정이 설립되는 속도에 달려 있으며 또 이 교육 과정들이 전통적인 서유럽 언어보다는 오늘날 필수적으로 요구되는 비유럽어들을 얼마나 수용하는지에 달려있다고 봐야 할 것이다.

저자 주

편집자의 요청으로 언어능력 기준에 대한 참고문헌 목록은 본 장에 포함시키지 않는다. 이 부분에 대해서는 많은 참고 서적이 출판되어 있으며 대부분은 일반적인 수준의 통번역을 다루고 있지만 일부는 이른바 지역사회통역*community interpreting*에 대해서 다루고 있다. 법률 통번역에 대한 보다 구체적인 정보에 대해서는 본 책 말미의 참고 문헌 목록을 참고.

내부 및 외부 시험관 양성 교과목인 D33와 D34는 '교육·계발 국가기준 *National Standards of Training and Development, 1995, Crown Copyright*'의 '평가 및 검증 단원*Assessment and Verification Units*, pp23~43'에서 찾아볼 수 있다.

본 책에서 제시된 법률 통번역사의 언어능력 기준과 수행 준거는 일부 중요 부분에 있어 영국국립언어교육원의 통번역 관련 국가 언어능력 기준 5단계를 기준으로 조정했으며 번역은 2000년 8월 판을 기준으로, 통역은 2000년 11월 판을 기준으로 삼았다.

영국국립언어교육원은 영국 정부가 업무를 위한 언어능력 향상을 목적으로 1998년에 설립한 기관으로 같은 목적으로 1991년에 설립된 언어 연구소 *Language Lead Body*의 후속 기관이다.

LNTO의 핵심 소관은 언어를 전문적으로 사용하는 이와 그렇지 않은 이가 모두 이해하고 사용할 수 있는 언어 능력 등급을 고안하는 것이다. 본래 목적은 업무상에 적용하기 위한 언어 능력 기준 수립이지만, 능력 평가가 이뤄지는 맥락의 간단한 전환만으로도 이 기준이 보다 일반적인 상황에 적용이 가능하다는 점은 분명하다.

세 종류의 기준이 현재 수립되어 있다.

- '포괄적인' 기준은 듣기, 읽기, 말하기, 작문 등 언어의 네 사용영역에서 초보 수준을 갓 벗어난 단계(1단계)부터 준 원어민 능력(5단계)까지 모두를 포괄

하며 명칭에서 알 수 있듯이 비즈니스 활동의 전체범위에서 사용되는 모든 언어사용을 대상으로 한다.

• 통역에 관한 기준
• 번역에 관한 기준은 현재 번역사로서 활동하고 있거나 번역을 업으로 삼으려는 이들을 대상으로 작성되었다.

상기 기준의 인쇄본 구입방법에 대해서는 다음 주소로 문의하기 바란다.

The Languages NTO
20 Bedfordbury
Covent Garden
London WC2N 4LB
Tel (0)207 379 5082
Email: info@languagento.org.uk

본 기준의 저작권은 LNTO에 귀속된다. 영국의 시험 실시·수여기관 *Examining and Awarding Bodies*은 무료로 본 기준을 제한없이 사용할 수 있다. 타 국가에서 시험 및 평가 채점기준으로 본 기준을 사용하고자 할 경우, LNTO는 적극적으로 라이선스 협상에 임할 것이다.

LNTO의 공식 홈페이지인 www.languagesnto.org.uk는 온라인상에서 현재 주요 관심사나 우려사항을 논의하기를 원하는 언어 서비스 공급자를 검색할 수 있는 검색엔진을 제공하고 있다.

제 3 장

연수생 선발 기준

제 1 절 1단계 학위 및 초기 전문직 수준

연수생을 선발할 때는 선발 시험 통과 잠재력뿐 아니라 기본적으로 본 직종에 맞는 사람인지 보아야 한다. 법률 통번역사의 직업적 책임은 매우 무겁다. 인간의 삶의 질, 때로는 생명과 자유 자체가 통역과 번역의 품질에 달려 있기 때문이다.

따라서 연수생 선발에 세심한 주의를 기울여야 한다. 국가간 인구 이동이 급증하면서 의사소통 에 관련한 수요 역시 증가하고 있다. 본 직종에 들어올 가능성이 낮은 연수생을 훈련시키는 데 한정된 시간과 자원을 허비해서는 안 될 것이다.

초기 전문직 수준을 만족시키는 1세대 연수생들은 현업에 나서는 즉시 어려운 상황에 부딪힐 것이다. 법조인이나 경찰이 아직 통번역사와 협동 작업을 하거나 다문화적 맥락에서 일하는 데 익숙지 않기 때문이다. 따라서 1세대 연수생들은 탄탄한 전문적 기반은 물론, 어느 상황에 도움이 필요한지 파악하고, 모르면 모른다고 인정할 수 있는 통찰력과 직업의식을 갖추고 있어야 한다.

이런 환경에서 연수생 선발은 최대한 객관적 증거를 바탕으로 이루어져야 한다. 해외에서 오래 머문 지원자는 필요한 잠재력이 있을 수는 있지만, 여러 가지 이유로 공식적 자격요건을 갖추지 못하고 있거나 널리 인정되지 않은 자격요건만 갖추고 있을 수 있다. 또한 학력평가만으로는 공공 서비스 통번역사 활동에 필요한 다양한 기술, 능력, 전반적인 교양 및 인생 경험이 있는지 충분히 검증할 수 없다. 이것은 어느 나라나 마찬가지다.

교육 과정에 맞지 않는 연수생을 받아들여 그들의 시간과 자원을 낭비하는 것은 불공평하다. 특히 입국한 지 얼마 되지 않은 연수생일 경우 더욱 그렇다. 교육 과정은 집중적이고 학습량이 많다. 부적절한 연수생은 동료 연수생의 발전을 저해하고, 더 적합한 동료의 자리를 차지하며 그들에게 돌아가야 할 트레이너의 관심을 빼앗는다. 또한 애초부터 적합하지 않은 지원자를 계속 떨어뜨리는 것도 선발관에게 괴로운 일이다.

따라서 선발관은 모든 연수생, 그리고 특히 입국한 지 얼마 안 된 연수생들이 일단 자격이 있다는 것이 판단되면 비록 보장까지는 아니더라도 취업 기회를 충분히 얻을 수 있도록 노력해야 한다. 이를 위해서는 가능한 일자리를 연결해 주는 과정이 필요할 것이다.

다음은 시범 적용 결과 유용한 것으로 밝혀진 연수생 선발 기준 및 절차에 대한 제안이다.

1. 선발기준

고객의 필요에 따른 기준

연수생 선발 시 기준으로 권장되는 사항은 다음과 같다.

- **언어조합**이 실제 일하는 환경과 지역에서 필요한 것이어야 한다. 믿을 만한 관련 통계 자료가 없는 경우 법률 서비스 업계 및 기타 언어 사용자들을 통해 필요한 언어 조합을 판단할 수 있다.

- **방언과 다양한 언어 사용역**을 근무하는 환경에 따라 구사할 수 있어야 한다. 가능하면 법률 통번역사는 방언과 지역에 따라 조금씩 달라지는 표준어를 합리적인 수준으로 구사할 수 있어야 하며, 양 언어 모두에서 공식적인 언어와 비공식적인 언어를 모두 구사할 수 있어야 한다.

- **언어 조합 우선순위**상 가장 필요한 언어 조합이 무엇인지 인식하고 초기단계 학습과정 대상으로 삼아야 한다.

- **지역적, 전국적 언어 분포**를 고려해 전체 지역에서 필요도가 높지 않은 언어 조합도 여러 지역의 교육 기관이 협의해 전국 차원에서 다룬다.

- **거주자 및 단기 체류자의 수요**, 즉 항구, 공항, 주요 기차역과 체육관, 관광 안내 센터, 박람회장과 컨벤션 센터 등 다양한 언어권 사람이 모이는 곳을 고려한다.

• **장기계획**을 세워 5~10년을 내다보고 국내에서 필요할 언어 조합의 범위를 예측하고 필요한 곳에서 충족되도록 준비해야 한다.

• **남녀성비**를 적절히 조정해 능력이 검증된 남녀 통역사가 각각의 언어군에 배치되어 다양한 상황에 대처할 수 있도록 한다. 예를 들면 여성 성폭행 피해자는 여성 통역사를, 남성 피해자는 남성 통역사를 원할 가능성이 크다.

• **가용성**을 고려해 일단 검증 받은 통역사에게는 주당 적절한 시수의 업무를 줄 수 있도록 한다. 가용 시간은 상호 보완적으로 할 수 있다. 예를 들면 자녀가 학교에 가 있는 낮에 통역일을 할 수 있는 여성 통역사가 있으면 같은 언어로 저녁에 통역할 수 있는 동료도 있는 식이다.

• **업무수요**는 지역적 조건과 크기가 다양해 현실적으로 예측하기 어렵지만 개략적 초기 예측치를 통해 향후 수요와 공급이 맞도록 조정할 수 있다.

• **적합성**을 고려해 법률 서비스에서 일할 수 있는지 판단한다. 일부 국가에서는 통번역사를 비롯한 모든 법률 서비스 종사자는 주요 범죄 전과가 없어야 한다는 식의 요구 사항이 있을 수 있다. 이런 경우 각 개인은 채용 전 적합한 증명서를 제출해야 한다. 일부 법률업무의 경우에는 안전을 위해 보다 높은 기준이 요구될 수 있다.

필요한 기술과 자질에 따른 선발 기준

연수생 선발 당시 수험생에게 요구되는 기술과 자질은 필연적으로 교육과정의 길이와 내용에 따라 다르다. 예를 들면 현재 한 가지 기술이 약한 연수생이 그 약점을 보완할 기간을 충분히 가질 수도 있고, 없을 수도 있다. 또한 많은 연수생이 검증되지 않은 상태에서 이미 실무 경험이 있을 수도 있다. 이럴 경우 현재의 기술 수준을 가늠하기 어렵다. 따라서 경험이 풍부한 시험관이 가능성을 평가해야 한다.

선발 기준의 궁극적 지향점은 교육과정 길이와 상관없이 같으며 다음 기준에 따른 연수생 선발이 권장된다.

- **해당국가 또는 지역의 공용어 관련 경쟁력**에는 작문과 말하기 능력이 모두 포함된다. 작문 능력이 통역에 필요한 것인가에는 이론의 여지가 있지만, 실제로 많은 국가에서 통역 실무에 문서 자료가 포함된다. 마찬가지로 문자화된 언어 형태가 존재할 때는 해당 언어로 된 문학, 현대 작문, 언론을 접하지 않고는 적절한 언어적 발달과 제반 지식 습득이 불가능하다.
  다양한 범위의 방언과 지역적 언어 차이, 언어 사용역을 포괄하는 능력도 고려해야 한다. 이는 일반적 회의 통역과는 달리 공공 통역 서비스가 갖는 한 측면이다. 예를 들면 법률 통역사는 함부르크나 글라스고의 억센 말투를 지닌 뱃사람을 통역해야 할 경우도 있다. 또 언어 사용역도 길거리 속어에서부터 특정 분야 전문용어, 법정 언어까지 다양해야 한다.

- **외국어 경쟁력** 역시 상기 측면에서 고려되어야 한다.

- **통역사로서의 잠재력**은 필수적 요건이다. 두 언어를 모두 유창하게 구사할 수 있지만 언어간 전환에는 어려움을 겪는 사람도 있다. 언어 사이에, 그리고 언어에 내포된 문화적 바탕 사이에 쉽게 '다리를 놓는' 잠재력이 있어야 하며 단기 기억력도 좋아야 한다.

- **번역사로서의 잠재력**에는 언어 전환 능력도 포함되지만 문서 형태의 작업을 하는 만큼 언어권마다 다른 서식, 문장과 단어를 선택하는 데 요구되는 기술도 있다.

- **대인관계와 성숙성**은 법률뿐 아니라 모든 공공 서비스에서 일하는 통번역사에게 중요한 자질이다. 이들이 다루어야 할 사람들은 고통 받고, 불안에 떨고, 시간에 쫓기고, 화가 나고, 술에 취했을 수도 있지만, 단순히 언어가 잘 통하지 않는 상황에 불편을 느끼고 위축되었을 가능성도 크다. 선을 넘지 않고 역할에 충실하면서 초점을 명확히 하고 부정적 요소를 흡수해 일이 진행시키는 것이 통역사의 임무가 되는 경우가 많다.

교육 과정상 필요에 따른 연수생 선발기준

교육 과정 내에서 교육과 학습 과정은 연수생 집단 구성을 바탕으로 한다. 유용한 것으로 밝혀진 사항은 다음과 같다.

- **언어 조합별로 각 그룹**을 4~5명의 연수생으로 구성하면 다음이 가능하다.
  – 모국어의 특성에 대한 논의와 토론

– 서로 통역 연습
– 번역과 분석을 위한 텍스트 비교와 토론
– 상호 지지 및 협조

• **언어별 그룹의 종류와 수**는 교육상 관습과 구조에 따라 다를 수 있다. 시간제 교육과정에서는 언어별 그룹 3~4개로 나누어 1학급당 12~16명이 가장 선호되는 것으로 밝혀졌다. 이 정도 숫자가 가르치기와 호흡 맞추기에 좋은 학급 규모이다. 상이한 언어별 그룹을 통해 연수생들은 제3, 제4의 언어에 접근할 수 있고 반드시 그 언어를 이해하지 않더라도 특정 언어학적 측면과 흥미로운 문화적 요소를 바라볼 수 있는 객관적 시각을 갖추게 된다. 예를 들면 유럽 언어 구사자는 동료들과 함께 아시아나 아프리카 언어로 의미를 전달하는 법을 함께 생각해 볼 수 있다.

• **그룹활동의 역동성**은 유용한 고려 대상이다. 여러 개인으로 이루어진 그룹은 상호 보완 역할을 하며 교육 기간뿐 아니라 검증 후 힘든 직업세계에서도 서로에게 버팀목이 되어야 하기 때문이다. 예를 들면 아래와 같다.
  – 한 언어별 그룹 안에 다양한 연령과 성별이 섞인 경우 연수생들은 상이한 세대와 성별 사이에서 언어가 어떻게 다르게 쓰이는지 생각해 보고, 다양한 사람을 통역할 때 이를 반영할 수 있다.
  – 인생경험에 따라 연수생들을 섞어 놓는 것도 좋다. 언어는 구사자가 어디에 살았고 어디에 살고 있는지에 따라 조금씩 달라지고 섞이기도 한다. 예를 들면 동아프리카에서 오래 살다가 지금 구자라트*Gujarat*(인도 서부)에 살고 있는 구자라트 주민

이 구사하는 구자라트 어는 영국에 살다 온 구자라트 인이 구사하는 말과 여러 면에서 다를 수 있다. 아프리카와 중동 여러 지역에서 사용되는 아랍어도 지역에 따라 다르다. 통번역 실무자는 이렇듯 다양한 차이를 모두 수용할 수 있어야 한다.

– 과학, 기계, 회계, 육아 등 직업적 배경이 다른 사람들을 섞어 놓으면 용어와 접근 방식 양면에서 학급 전체가 깊은 통찰력을 기를 수 있다.

– 통번역 경험이 이미 있는 연수생은 특별히 세심하게 다루어야 한다. 이들의 잘못은 아니지만, 어떤 검증도 받지 않고 현업에 종사하는 사람들이 매우 많다. 이런 경우 대단히 뛰어난 사람도 있을 수 있지만, 반대 경우에는 자기도 모르는 사이에 나쁜 습관이 들었을 가능성도 있다. 이런 경우 습관을 고치기를 어려워한다.

2. 선발방법

선발과정은 요구되는 언어 조합 중 일부를 갖춘 잠재력이 높은 수험생이 해당 국가의 교육체계와 과정에 익숙하지 않은 상태에서 진행되는 경우가 많다. 시험관은 이런 상황을 이해하고, 기본 원칙을 훼손하지 않는 선에서 상황을 포용해야 한다.

- **교육과정 홍보**를 사전에 충분히 해 선발 과정과 모든 보완작업을 진행할 충분한 시간을 확보한다. 가장 잠재력이 뛰어난 지원자들이 교육 과정 관련 정보를 얻을 수 있도록 해야 한다. 대학이나 전문대학에서 지원자에게 접근하는 일반적 방식으로는 최적의 결

과를 얻지 못할 수 있다. 특정 언어권 집단과의 대화와 토론이 더 나은 성과를 낼 것이다. 해당 국가의 교육 체계가 낯선 이들에게는 교육 관련 추가 정보를 주어야 할 것이다.

• **언어권 공동체 대상 안내**를 통해 교육 과정과 그 목적을 전달하고 반응을 경청한다. 외국어를 사용하는 대규모 공동체는 고유의 사회 문화적 인프라를 갖추고 있다. 이들은 교육 활동에 값진 후원과 협조를 할 수도, 또는 거부할 수도 있는 위치에 있다. 처음에는 혼란을 겪을 수 있지만 이들은 법률 체계와 소통할 필요성을 인식할 것이다. 한편으로는 결과를 걱정할 수도, 신뢰를 얻어야 할 수도 있다. 따라서, 가장 높은 기준이 필요한 이유와 통번역사 행동규범을 꼭 설명해야 한다.

• **신중한 위치선정 및 선발평가 일정조정**
 - 소그룹 세션을 연수 희망자들이 익숙한 장소에서 진행해 더 많은 이들이 참석할 수 있게 한다.
 - 적절한 환영 및 환송 행사를 한다.
 - 가벼운 다과를 제공하되 문화적 전통을 유념한다.
 - 연수 희망자들의 연락처를 받아 안전하게 보관한다.
 - 누가 언제 어디에 있어야 하는지, 일정과 제반 사항을 명확히 공지한다.
 - 정보를 주고 질문을 받고 응답할 시간을 확보한다.
 - 교육 과정, 평가 비용, 학습 강도를 연수 희망자들에게 명확히 전달한다.
 - 특정 언어권 공동체의 종교적 기념일은 피한다.

- **시험형식** 중 일부 또는 전체 언어 조합에 유용한 것으로 밝혀진 것은 다음과 같다.
  - 비전문적 주제에 대한 짧은 역할극 통역(양쪽 언어로)
  - 비전문적 주제에 대한 짧은 번역(양쪽 언어로)
  - 비전문적 주제에 대한 짧은 문장구역(양쪽 언어로) 단, 이 연습은 잠재적 언어 전환 능력을 잘 보여 주는 대신 매우 난이도가 높으므로 단순한 텍스트만 사용해야 함
  - 양쪽 언어로 짧은 작문(약 150-200단어) 주제는 간단하고 구체적인 질문으로 함 (예: "내가 법률 통번역사가 되고 싶은 이유") 언어적 능력뿐만 아니라 구조적 사고력과 발표 기술을 보여줄 수 있음
  - 질문지 작성을 통한 자기평가
  - 양쪽 언어 원어민과의 면접을 통한 유창성, 언어 사용역, 화법과 성량, 대인 관계 및 인성 평가

3. 선발 시험관

선발 과정에서 올바른 원칙 적용의 열쇠는 시험관을 어떻게 뽑고 시험관이 어떻게 일을 처리하는가에 달려 있다. 특히 다문화적 맥락에서는 긴장감이 일어날 수 있으므로 투명하고 체계적인 접근이 필수적이다. 하기 사항을 고려하면 유용한 것으로 드러났다.

- **경험이 풍부한 법률 통번역사**는 직업상 무엇이 요구되는지 알기 때문에 미래의 동료 선발에 가장 적합할 것이다.

- **교육과정 트레이너**도 선발 과정에 참여해야 한다. 선발되는 연수생을 계발할 책임을 지게 될 것이기 때문이다.

- **대졸 수준의 원어민**도 참여해 수험생의 언어 능력과 문화적 바탕을 충분히 평가해야 한다. 편파 판정 위험을 미연에 방지하기 위해 수험생들이 모르는 원어민을 택하는 것이 현명할 것이다.

- **합동 심사위원단**을 구성해 위 세 분류 해당자들을 묶는 것이 현재까지는 최선책으로 밝혀졌다. 또한 평가 당일 만일에 대비해 시험관 대기자를 미리 지정해 두는 것이 현명하다.

- **평가목적**을 사전에 **명확히** 밝혀 실무자들이 수험생의 기존 능력과 자질이 아닌 잠재력을 봐야 함을 유념하도록 한다.

- **시험관 윤리규범을 확정**해 객관적 접근, 철저한 비밀 보장, 공평하고 정확한 평가, 일관적 기준 등의 내용을 문서화한다.

- **텍스트, 평가과정, 채점체계 관련 합의**는 사전에 이루어져야 한다.

- **평가장소와 일정 회람**은 사전에 한다.

- **결과 합의**를 통해 후보자 중 선호도 순서와 그 이유를 결정한다. 하루 이상, 또는 한 곳 이상의 장소에서 평가가 진행될 경우 일관성이 있어야 한다. 이 경우 최종 합격자 명단을 완성하기 위해 추후 사정회의가 필요할 수 있다. 선발된 연수생이 포기할 경우를

대비해, 능력을 충분히 갖추었지만 합격하지 못한 후보자들로 보결 명단을 구성할 수 있다.

- **합격한 예비 연수생들에게 결과 통지**는 최대한 빨리 하고 필요한 교육과정 관련 정보를 함께 안내한다. 또 시한을 정해 등록의사 확인 서류를 제출하도록 한다.

4. 불합격자 관리

불합격자가 패배감에 젖어 떠나지 않도록 하는 것은 중요한 일이다. 특히 해당 언어 공동체에서 지위가 높은 편에 속하거나 입국한 지 얼마 안 된 경우에는 당사자가 원하면 현재 능력으로 할 수 있는 다른 일에 참여할 수 있도록 독려해야 한다. 이런 접근 방식은 당사자에게 도움이 될 뿐 아니라 언어 공동체의 존엄성과 결속을 지키고 존중하며 공동체 구성원들이 차후 선발시험에 지원하도록 독려하는 효과가 있다.

- **언어능력 부족**이 한 측면 또는 여러 측면에서 발견되는 경우 작문 기술 향상 등의 수업에 참여시켜 보완할 수 있다. 이런 수험생들은 도움을 받으면 다음에는 더 유력한 후보자가 될 수 있다.

- **그 밖의 이유로 인한 부적합성**은 해당 수험생이 좋은 통번역사는 될 수 없어도 다른 분야에 강점이 있다는 뜻이다. 예를 들면 선발시험을 통해 판단한 결과 양 언어에 능통하긴 하지만 언어 전환을 쉽게 하지 못하거나, 올바른 인성을 갖고 있지 못하거나, 과제

접근 방식이 잘못된 지원자를 밝혀낼 수 있다. 이런 이들은 훈련을 통해 법률, 지역사회 사무, 행정 등 관심 있는 다른 공공 서비스 분야에서 훌륭한 이중언어 전문직*bilingual professional*이 되도록 장려할 수 있다.

- **정보제공**을 통해 이런 대안을 모든 곳에 알린다. 불합격자에게 결과를 통보할 때는 적합한 과정을 간단히 안내하는 홍보물이나 적절한 직업 안내를 받을 수 있는 곳을 함께 알려 준다.

제 2 절 전문대학원 석사학위 수준

전문대학원 석사학위의 개념이 점점 보편화되고 있다. 이 학위의 목적은 전문적 실무와 개별 실무자 계발 정도를 끌어올리고, 실무를 체계적으로 고찰할 시간과 도움을 주며, 연구를 통해 전문지식 체계를 넓히는 것이다.

이 수준의 연수생 선발에서 기본 원칙은 하위 학위 수준에서와 마찬가지로 전문 실무에서 필요할 다음 사항을 바탕으로 정해진다.

- 양 언어 구사 능력
- 통번역 기술
- 직업 적합성

선발 과정은 철저하고 포괄적으로 이루어져 딱 맞는 자질을 갖춘 딱 맞는 수의 연수생이 한 학급에 딱 맞게 섞여 학습에 가속도가 붙도록 해야 한다. 최적의 연수생 수는 약 12명이다.

1. 선발기준

이 단계에서는 하위 학위단계에서 요구되는 수준에 덧붙여 하기 잠재력이 필요하다.

- 더 높은 수준의 학습 경험
- 본 단계 학습을 자주적으로 할 수 있는 책임감
- 교육주제에 대한 적극성
- 객관적 연구를 진행하고 기록하는 능력
- 지적 호기심

각 대학에서는 대부분 대학원 과정에서 일반적으로 적용하는 연수생 선발 기준과 이전 성취도 증빙 요구사항, 특정 주제 관련 추가 요구 사항 등이 있다.

현재로서는 교육 과정이 많지 않기 때문에 1단계 학위나 이에 상응하는 단계에서 충분한 자격과 실무 경험을 갖고 지원하는 사람이 많아지려면 2~3년 정도 걸릴 수도 있다. 하지만 일단 초기 전문직 수준 교육 과정이 널리 퍼지면 직접 관련성이 있는 기술과 전문성을 갖추고 과정에 지원하는 연수생의 숫자가 늘어날 것이다. 마찬가지로 중요한 것은 이 연수생들이 시장에서 필요로 하는 아시아, 아프리카, 동구 및 서구 언어 등 광범위한 언어가 포함된 언어 조합을 갖추고 있을 가능성이 높다는 점이다.

교육기관에서의 학습은 현실감을 키우기 위해서라는 말이 있다. 따라서 연수생들은 견실한 전문직 경험을 미리 갖고 있으면 대학원 수준의 학습을 통해 더 많은 것을 얻기 쉬울 것이다. 교육 과정을 마칠 때 도달할 수 있는 수준의 기술이나 전문성과 같지는 않겠지만, 이런 사전 경험은 발전할 수 있는 기반이 된다.

따라서 대학에서는 이런 교육과정의 연수생 선발에는 다음 증거 자료를 특별히 신경 써서 고려하는 것이 좋다.

- 이력서

- 관련 분야에서 좋은 성적으로 받은 1단계 학위 또는 이에 상응하는 학위. 법률 통번역이나 해당 언어조합 전공이 선호됨. 이 수준에서는 이를 통해 다음을 평가할 수 있다.
  - 양쪽 언어 글과 말 구사 능력
  - 통역과 번역 기술
  - 공공 서비스 일부 관련 배경 지식
  - 윤리 규범과 모범실무 사례에 대한 이해

- 관련 실무 경험. 사실 증명을 위해서는 법률 통번역 분야에서의 충분한 전문적 경험, 향후 학습을 위한 적합성 등을 확인해줄 수 있는 적절한 참고자료를, 충분한 정보를 바탕으로 객관적으로 판단할 수 있는 사람으로부터 받는다. 선배나 지도교수가 여기에 해당할 수 있다.

- 수험생의 전공외국어 사용국 체류 경험 증명

2. 선발방법

• 면접

석사 단계에서는 다양성에 중점을 두고 학급을 구성하는 것이 이상적이다. 비교적 이질적인 배경과 경험을 지닌 유망한 연수생이 함께 모여 서로 가르치고 배울 수 있기 때문이다. 이런 환경에서의 학습은 연수생들이 학습과 자기발전 속도를 배가시키는 특별한 기회가 될 것이며, 따라서 해당 직업군과 전문지식 체계 전체에도 긍정적 영향을 미칠 것이다. 따라서 면접 과정에서 수험생들은 무엇보다도 학습 의지, 지적 호기심과 성실성, 개인 및 전문적 성장 잠재력, 팀워크 능력을 보여줄 수 있어야 한다. 수험생의 연구주제 관여도와 직업 자체에 대한 관심을 통해 이를 증명할 수 있다.

• 적성검사

이 검사가 필요한 이유는 통역 전문가들의 연구를 통해 밝혀진 바 있다. 연구 결과 수험생이 석사학위 수준의 통번역 교육과정을 마치려면 핵심 적성을 갖고 있음을 확인해야 할 필요가 제기되었다. 평가자들은 수험생의 능력을 평가해 수험생이 학사과정보다 더 엄격한 석사과정 학습의 요구사항을 충족할 기술을 갖고 있는지 판단하는 지표 중 하나로 사용해야 한다.

주요 적성은 다음과 같이 정의된다.

• 제1언어와 제2언어(A언어와 B언어)에 대한 뛰어난 지식

- 언어간 전환 능력
- 관련 법률 체계에 대한 지식과 이해
- 좋은 기억력
- 통역 관련 구술 기술, 즉 발언 내용에 대한 세심함과 내용 전달을 효과적으로 빈틈없이 할 수 있는 능력. 또는 롱리*Longley*(1989)가 말한 잘 듣고, 이해하고, 언어를 바꾸어도 원래 메시지를 전달하는 '타고난 자질'.

적용해 볼 만한 적성 검사의 종류는 다음과 같다.

- **A언어 및 B언어 기억력 시험**
  - A-B 시험: A언어로 된 텍스트 하나(법률 문제 하나를 바탕으로 한 내용으로 2~3분 길이)를 수험생에게 구두로 한 번만 읽어 주고, 수험생은 노트테이킹 없이 듣고 낭독이 끝나면 B언어로 반복한다.
  - B-A 시험: B언어로 된 텍스트 하나(법률 문제 하나를 바탕으로 한 내용으로 2~3분 길이)를 수험생에게 구두로 한 번만 읽어 주고, 수험생은 노트테이킹 없이 듣고 낭독이 끝나면 A언어로 반복한다.
  - 시험 결과 평가: 수험생이 텍스트의 의미, 내용, 표현을 얼마나 잘 전달했는가에 따라 평가한다.

이 시험의 목적은 수험생의 기억력이 좋은지 확인할 뿐 아니라 듣고 말하는 능력도 보는 것이다. 더불어 시험관은 수험생이 필요한 구술 기술을 갖추고 있으며 지역적 억양이나 사투리를 이해하고, 또 양쪽 언어 모두 교육받은 원어민 수준으로 유창하게 정보를 재생산할 수 있다는 증거를 확보해야 한다.

• **석사과정 수업이 진행되는 국가 법률체계에 대한 지식 시험**

이것은 객관식 문제나 주관식 약술형 문제의 형태를 취할 수 있다.

이 시험의 목적은 수험생이 법률 주제 관련 지식을 갖고 있는지, 법률 체계의 절차와 구체적 법률 용어에 익숙한지, 통역하는 언어권의 사회와 문화를 잘 알고 있는지 검증하는 것이다.

• **B-B 섀도잉*shadowing* 시험**

법률 문제 하나에 대한 7~10분 길이의 B언어 텍스트가 재생되는 동안 수험생은 듣고 있는 내용을 앵무새처럼 같은 언어로 따라 말한다.

이 시험의 목적은 수험생이 구술과 청취를 한 번에 할 수 있는지 확인하는 것이다. 유명 학자들에 의해 확인된 바와 같이, 수험생은 이해한 내용만 따라 말할 수 있다. 그래서 B언어에서 B언어로의 섀도잉 시험을 봐야 하는 것이다. 이 시험은 동시에 듣고 말하는 능력을 보여줄 뿐만 아니라 듣기와 말하기 능력을 법률적 상황 관련 이해와 결합할 수 있는 능력도 보여 준다.

• **문장구역 시험** (A-B, B-A)

이 시험의 결과를 분석하면 수험생이 수업을 따라가는 데 충분한 기술을 갖고 있는지, 언어적으로 또는 언어 외적으로 어떤 약점을 갖고 있는지 보여주는 좋은 자료를 얻을 수 있다.

제 4 장

교 육

먼저 교육의 필요성부터 언급해야 할 듯하다. 가족이나 친구, 또는 감옥에서 함께 있었던 동료 재소자 등 아무에게나 통번역을 시킬 수는 없다. 또한 타 분야에서 실력을 인정받은 고급 통번역사는 여러 가지 이유로 사전 준비 없이 법률 분야에서 일하기를 거부한다. 그 이유는 다음과 같다.

- 법조계를 비롯한 공공 서비스는 전문 분야이므로 실무를 제대로 수행하려면 사전 지식이 요구된다.
- 통번역사가 필요하다는 예고가 거의 없으므로 미리 연구할 시간이 부족하다.
- 단순히 지식뿐 아니라 전문기술 연마, 직업윤리 교육, 모범실무사례 및 분야간 협조 등이 교육과정에 모두 포함된다.
- 교육 기간 중 나중에 일하게 될 장소, 즉 법정이나 경찰서, 감옥을 방문함이 필수적이고 실용적인 오리엔테이션이 된다.

경험 있는 트레이너는 무엇이 필요한지 알고 있다. 그들에게는 이 제안이 그간 잘 수행하고 있었던 실무의 재확인이며 평소 업무의 기초적인 사항에 불과할지도 모른다. 하지만 이런 교육에 대한 수요가 늘어난다는 사실은 이런 교육과정을 한 번도 운영해 본 적이 없는 사람까지도 강의 요구를 받을 수 있다는 뜻이다. 여기 제시된 제안이 그들에게 다른 방식으로 도움이 되기를 바란다.

모든 교육과정이 완전히 똑같을 필요는 없다. 연수생마다 필요한 것이 다르고, 트레이너마다 교수법도 다르다. 또한 회원국마다 교육체계와 관습이 다르다. 다만 공통적으로 존중해야 할 핵심은 있다. 그 이유는 다음과 같다.

- **핵심 교육내용의 일관성**이 확보되어야 EU 내 법률 통번역사들이 같은 범위의 업무를 다룰 준비가 될 것이다. 여기에는 법정뿐 아니라 경찰, 보호관찰소, 법정 복지*court welfare* 담당처, 이민, 세관 및 소비세 당국 등 여러 민사 및 형사 사법 관련 기관이 포함된다.

- **실무 기준의 일관성**은 교육 과정에서 반복적으로 강조된다. 아무리 잘 짜인 전문 평가 또는 검증 시스템이라도 실무자 기술의 일부분만 측정할 수 있을 뿐이다.

- **등가성**을 확보해 전 회원국이 핵심 교육내용에 대한 합의된 일관성을 갖도록 해야 한다. 이는 법률 통번역사가 다른 나라에서도 일할 수 있는 잠재적 가능성을 높일 것이다.

- **학점 교환 제도**를 통해 다음과 같은 경우 연수생이 교육과정을 바꿀 수 있다.
  – 교육과정 중 이주할 경우

– 양쪽 언어 중 다른 언어권에서 과정 일부를 이수하고 싶어하는 경우

• **효율성**을 높여 자원과 노력을 극대화해야 한다. 자원과 노력을 공유할 방법은 다음과 같다.
  – 교육자료 공유
  – 트레이너 교환: 언어 전문가와 법률 전문가
  – 용어자료 공유
  – 더 넓은 공통 전문지식 체계에 대한 접근성 확보

제 1 절 1단계 학위 및 초기 전문직 수준 교육

교육과정의 목적은 연수생이 초기 전문직 수준(디플로마, 1단계 학위 또는 학사학위) 법률 통번역사 실무를 책임 있게 수행할 수 있도록 준비시키는 것이다. 이는 현장경험과 후속연구를 통해 지식과 전문성을 향상시키는 첫 단계라고 할 수 있으며, 여러 곳에서 동서 유럽어, 아시아어, 아프리카어 등 다양한 언어조합을 갖춘 현장 법률 통역사의 수요가 높은 데 대한 현실적 대응방안이다. 토요일 새벽 2시에 시골 마을의 경찰에게 통역사가 필요하거나, 다음날 법정에서 음주운전 사건 때문에 통번역사가 필요한 경우, 필요한 언어 조합과 풍부한 경력을 갖춘 석사급 법률 통번역사가 늘 있으리라는 보장이 없다. 이 수준의 교육과정은 전문대학원 석사과정으로 넘어가기 위한 디딤돌 역할도 한다.

교육과정이 보통 학술 기관에서 이루어지고, 요구되는 언어 능력의 학위상 등가가 1단계 학위 또는 학사학위 수준이며 단지 그 범위만 좀더 좁다는 것을 제외하면, 이 수준의 기술은 제2장에서 전문적 혹은 직업적인 개념으로 설명한 바와 같다. 이런 통합된 전문 직업적이고 학문적인 접근은 공통 수준의 학위와 전문 훈련 평가가 모두 요구되는 의료계와 법조계에서도 따르는 방식이다.

교육과정의 길이는 연수생의 현재 수준과 기존 교육 관행에 따라 다소 달라진다. 제3장에 설명된 선발 기준이 준수되고 연수생의 양 언어 구사력이 좋을 경우, 하기 요소가 필요함이 경험을 통해 밝혀졌다. 이 요소들은 학점이전체계에 대한 볼로냐 합의*Bologna Agreement on credit transfer systems*에 가장 부합하도록 구성되었다.

- 적절한 통역 연습을 포함한 강의실 내 접촉 시간
- 12~15시간 정도의 견학
- 자습 시간

교육과정의 형태 역시 현실성에 달려 있다. 위에서 설명한 교육과정은 언어 구사력이 좋고 실무 경력이 어느 정도 있는 연수생을 대상으로 1학년도에 걸쳐 파트 타임으로 제공된다. 일반적으로 그렇듯이, 대부분의 연수생이 직업적, 국가적 사명을 갖춘 성숙한 사람일 때 이 과정이 실용적인 것으로 나타났다. 이 교육 과정에는 1주나 2주 주말 집중 교육이 포함되는 경우도 있다. 자습과 견학은 부가적이다.

교육과정의 목표는 연수생이 업무를 위해 다음 지식과 전문성을 충분히 키우도록 하는 것이다.

- 형사 및 민사 법제에 대한 지식: 구조, 절차, 소송진행, 인력
- 양 언어 말하기 및 작문 능력: 공식 및 비공식 어휘, 법률적 맥락에서 가장 널리 쓰이는 언어 사용역 범위
- 전환 기술(일방 및 쌍방향): 짧은 순차통역 및 위스퍼링 동시통역 기술과 번역 기술
- 행동규범 및 모범실무 지침: 규범과 지침을 이해하고 준수할 수 있는 능력. 직업 관련 문제를 해결하고 직업 관련 한계를 인식 및 인정하는 능력과 기술 포함(제7장 참조)
- 지속적 전문성 개발(CPD) 및 자기계발: 객관적 관찰과 학습을 통해 자기계발을 책임지고 주도해 해당 직종 전체에 기여하는 능력(제5장 참조)
- 직업 관련 실무

  연수생은 다음과 같은 법률 통번역사 업무의 실용적 요건에 대한 교육을 받아야 한다.

  – 업무를 수락하고 준비하는 과정
  – 시간, 일지 및 재무 관리
  – 기록 보존
  – 계약 및 합의서(제8장 참조)
  – 보건 및 안전, 즉 자기 건강을 관리하고, 스스로나 동료들을 위험에 빠뜨리지 않으면서 정신적, 신체적 안녕을 유지하는 방법

1. 프로그램과 시간표

각 강의계획서는 선발 과정에서 확인된 연수생들의 프로필에 따라 조금씩 달라진다(제3장 참조). 위에 설명한 주요 강의의 목표는 다음

과 같이 구성하는 것이 유용하다고 밝혀졌다.

입문 단계

연수생은 보통 학부생 집단과는 다를 가능성이 높다. 이들은 다양한 배경, 상이한 인생 경험과 학습 습관, 넓은 범위의 연령대를 가질 것이다. 이런 다양성은 교육과정에 풍부한 경험과 통찰력을 제공한다. 하지만 세심하게 계획된 입문 단계를 통해 바로 이 다양성을 조율해야만 각 개인과 집단 전체가 교육 기간 동안 성공적으로 앞으로 나아갈 수 있다.

입문 단계에서 고려되어야 할 요소는 다음 두 가지이다.

정보 공유

- 교육과정에 대한 정보 공유: 프로그램과 시간표를 교육과정 시작 시 회람해 연수생이 교육과정 구성과 교육 시간, 방법, 각자에게 기대되는 바를 명확히 알 수 있게 한다. 전문 직업 훈련인 만큼 일부 강의는 시험 실시 전에도 지속적인 평가가 필요하다.
- 트레이너에 대한 정보 공유: 연수생이 트레이너의 자격에 대한 정보를 얻는 것이 합리적이다.
- 서로에 대한 정보 공유: 불필요하게 간섭하지 않는 선에서 연수생들은 서로에 대해 빨리 아는 것이 좋다. 다양한 과제와 친교 행사를 통해 이를 도모하고 그룹의 역동성을 제고할 수 있다.
- 학교에 대한 정보 공유: 해당 국가의 교육기관이 낯선 연수생도 있다. 이들에게는 도서관 이용 방법, 건강 수칙, 화재 예방법을

비롯한 안전 수칙 등 지리적 특성, 관습, 업무 절차를 알려 주어야 한다.

학습 전략

학습 방법은 사람마다 다르다. 또한 전통적으로 매우 다른 학습 환경, 예를 들면 암기 학습*rote learning*이 많이 사용되는 환경에서 온 연수생도 있을 것이며 최신 교육 및 훈련 과정에 참여할 기회가 없었던 연수생도 있을 것이다. 중요한 것은 그들이 스스로 적절한 방식으로 주도적으로 학습하는 것이다. 다음은 연수생에게 장려하면 유용한 것으로 밝혀진 사항이다.

- 경쟁력 있는 통번역사가 되기 위해 필요한 목표 기술의 목록을 작성한다. 수업이 진행되면서 필요한 기술에 대한 생각은 바뀔 수 있지만, 주의를 집중할 수 있는 효과가 있다.

- 현재 보유한 기술(예: 양 언어 듣기, 말하기, 읽기, 작문 능력)의 목록도 작성한다.

- 현재 기술과 목표 기술의 간극을 메우기 위해 각자에게 가장 좋은 방법, 강의실 수업 활동 참여 방향과 자습 방법을 고찰한다.

- 학습일지, 자료수집 체계, 어휘은행*glossary bank* 등 조직적 자율학습 계획을 구성한다.

- 각자의 능력을 객관적으로 판단한다. 언어 능력은 정체성과 매우

밀접한 관련이 있는 민감한 요소다. 연수생은 자신의 언어 능력에 대한 어떤 비판도 사람 자체를 비난하는 것이 아님을 명확히 인식해야 한다.

• 동료와 수업 전체를 돕는다. 일부 성공적인 강의에서는 문화간 접근에 대한 편안한 합의를 이끌어내는 데 학급 계약서*class contract*가 유용한 도구로 사용된 것으로 나타났다. 이 계약서는 토론을 통해 작성해 협의 후 회람한다. 여기에는 시간 정확성, 채점을 위한 과제 제출과 같은 기본적인 사항뿐 아니라 동료의 통역 역할극에 대한 비판을 긍정적으로 하는 방법 등이 포함될 수 있다.

• 도움이 더 필요하다는 사실을 적기에 인지하고 어디서, 언제, 어떻게 도움을 받을 수 있을지 안다.

실무 관련 강의 단원

수업은 보통 단원 단위로 진행된다. 즉 법률 체계의 각 요소, 예를 들면 경찰, 법정, 보호관찰, 감옥 등이 각각 다뤄지는 것이다. 각 단원에서 앞에서 설명된 다섯 가지 상호의존적 기본 기술과 전문적 실무가 다뤄진다. 법률적 맥락을 따라 수업이 진행되면서 이 기술들을 향상시키고 갈고 닦을 수 있다.

이는 다음과 같이 구성하면 유용한 것으로 밝혀졌다.

• **법률 체계에 대한 지식**: 법률 체계의 구조, 절차, 소송진행 및 인력

연수생은 현 거주 국가의 법률 체계에 대해서 잘 모르거나 잘못 이해하고 있을 수 있다. 법률 통번역사는 업무를 정상적으로 수행하기 위해서 관련 법률 체계에 대한 충분한 지식을 갖고 있어야 한다. 법률 통번역사 전문 교육과정에서 연수생을 경찰, 변호사 등으로 탈바꿈하려는 시도는 억제되어야 한다. 이 단계에서는 기본 구조 및 원칙에 대한 이해와 부가 정보 습득 기반을 확실히 갖추는 것이 더 중요하다.

법 체계를 가르칠 최적의 인물은 보통 해당 법 체계에서 일하며 교수법에 대한 지식이 있는 사람일 것이다. 이런 사람들은 다양한 배경을 지니고 있으며 복무중인 경찰, 보호관찰관, 판사, 치안 판사, 검시관, 법정 변호사*defence advocates*, 검사를 비롯해 감옥, 이민국, 세관 및 소비세 담당관이 모두 포함된다. 다양한 법률 서비스에서 통번역사 교육을 위해 각계에서 사용되는 일상 업무와 언어에 대한 효과적인 프로그램을 개발해 적용하고 있다.

법정, 경찰서, 교도소 및 기타 장소 견학은 학습 효과를 더욱 끌어올린다. 검증된 법률 통번역사는 이런 장소에서 일할 가능성이 높으므로 연수생이 각 장소의 실제 현장과 친숙해질 필요가 있다. 견학 전 연수생에게 간단한 안내를 해 주고 잘 짜인 질문지를 만들어 견학 효과를 최대화하면 도움이 되는 것으로 나타났다. 질의 응답을 위해 견학 후 강의실 토론이 필수적이다.

또한 이런 견학은 현재 법률 서비스 업계 종사자들에게 미래 동료가 될 연수생을 소개하는 기능도 한다.

• 양 언어 말하기 및 작문 능력

이 능력은 공식 및 비공식 언어, 전문용어 사용을 포괄한다. 법률 체계에서의 언어 사용은 전문용어부터 길거리 속어, 즉 이웃이나 가정 내 갈등에서 쓰이는 공식 없는 언어에서부터 법정에서 사용되는 공식적이고 구체화된 언어까지 범위가 넓다.

통역사와 번역사는 사실을 하나하나 정확히 전달하고, 뉘앙스 하나하나를 세심하게 반영하며 내용을 다른 언어로 옮기는 과정에서 중요한 세부 사항을 놓치지 않아야 한다. 이를 위해 이들은 말로든 글로든 옮겨 달라는 의뢰를 받은 내용을 완벽히 이해해야 한다. 그 다음에는 의미나 메시지를 다른 언어로 가능한 한 일관성 있고 정확하고 자연스럽게 표현해야 한다.

언어 트레이너는 대학을 졸업한 원어민이 좋다. 이들의 임무는 다양한 교수법을 사용해 연수생의 언어 기술을 향상시키는 것이다. 교수법에는 실제 법률적 맥락에 기초한 연습과제가 포함된다. 사용되는 자료는 연습과제의 바탕이 된 맥락, 예를 들면 형사법정이나 가족법 등을 반영한다. 연습과제는 난이도와 종류에 따라 등급을 매겨 강의 진행 단계와 연수생 수요에 맞추어 사용하며, 연수생의 양쪽 언어 모두에 대해 다음 분야에서 시행할 수 있다.

- 청취
- 독해
- 작문
- 말하기

• 전환 기술

일방 및 쌍방 대화나 교섭(때로 짧은 양방향 순차통역이라 함), 위스퍼링을 통한 동시통역 테크닉, 문장구역 및 문서 번역 기술

통역 테크닉 지도는 보통 강의실 내 역할극을 통해 이루어진다. 역할극 참여자는 다음과 같이 구성된다.

- 중간에서 통역하는 연수생 1명
- 해당 국가 언어를 못하는 일반 주민 역을 맡는 같은 언어 연수생 1명
- 경찰관이나 변호사 등 법률 서비스 종사자 역할 1명

역할극 시나리오는 꼼꼼하게 준비해 난이도에 따라 등급을 매기며, 토론이 필요한 몇몇 특정 지점을 삽입한다. 또 철저히 현실에 바탕을 두어야 하며 강의 진행에 따라 의도적으로 전문적인 난관을 삽입한다.

역할극 다음은 평가다. 트레이너와 동료 연수생, 역할극 참가자가 순서대로 역할극에 대한 논평을 한다. 관찰지를 이용해 논평의 초점을 맞추고 역할극 난이도와 내용을 반영해 등급을 매길 수 있다. 가끔씩이라도 역할극을 녹화해 분석 자료 겸 연수생의 향상 기록으로 활용하면 유용하다.

강의 후반기에는 더 어려운 상황을 꾸며야 한다. 예를 들면 모든 일반적 구성원과 절차가 포함된 모의재판*moot court*, 모의경찰심문 등을 꾸미는 것이다. 이를 통해 실제상황에 가까운 난관을 만들어 언

제 짧은 순차통역을 하고 언제 위스퍼링 동시통역을 해야 하는지에 대한 선택의 문제, 음향 문제처럼 강의실에서 드러나지 않았던 실무적 요소를 드러내고 연수생에게 자신감도 심어 줄 수 있다.

기타 관련 기술도 지도해야 한다. 노트테이킹은 필수적인 기술이다. 단기 기억력을 향상시키기 위해 기억력 향상 연습도 한다. 목소리 연습을 통해 명료한 발음을 훈련할 수 있다.

번역 기술은 일반적인 방법으로 지도하되 다음을 비롯한 맥락에 맞는 요소가 추가된다.

- 직업적 한계를 철저히 인식할 필요성. 이 수준에서 검증된 연수생은 짧고 직선적인 텍스트를 다룰 수 있다. 더 길고 복잡한 법률 텍스트를 번역하려면 추가 검증이 필요하며 전문 법률 번역사에게 텍스트를 넘겨야 할 때가 언제인지 알아야 한다. (본 장 뒤의 대학원 교육 내용 참조)

- 기능상 비등가*functional non-equivalencies*, 예를 들면 심문판사*investigative judge*나 보호관찰제도*probation service*처럼 국가별로 존재 여부가 다른 제도를 다루기 위한 방법

- 보다 접근이 용이하고 유용한 도착어 텍스트를 만들기 위해, 법률 서비스 정보를 담은 전단과 같은 텍스트를 번역 전에 사전편집하는 노하우

- 통용되는 표준 문서 및 형식(예: 실종자, 분실물, 보석, 벌금납부 관련 서류 및 불법주차나 과속 스티커 등)에 익숙해 문서의 목적과 의미를 완벽히 이해하는 능력

문장구역(양 언어로)은 빈번히 요구된다. 따라서 연수생에게는 하기 사항이 권장된다.

- 문장구역을 단숨에 시작해야 한다는 압박을 떨쳐내고 조용히 끝까지 훑어보아 전반적 의미와 형태를 파악한다.

- 텍스트의 성격을 밝히면서 시작한다. 예를 들면 "이것은 올해 9월 10일, Y에 사는 X부인이 B에 사는 A씨에게 쓴 편지입니다." 하는 식이다.

- 적당한 속도로 한 번에 한 개념씩 전달한다.

- 청자가 이해했는지 교차확인*cross checking*한다.

- **행동규범 및 모범실무 수칙** (제7, 8, 9장 참조)

이것은 교육 과정에서 가장 중요한 부분이다. 나머지 모든 요소의 토대가 되는 직업적 기본바탕을 제공하기 때문이다. 또한 연수생은 이를 통해 검증된 후 일을 해 나갈 틀을 잡는다. 따라서 연수생은 규범과 수칙의 원칙을 완벽히 이해하고 스트레스가 심한 상황에서도 적용할 수 있도록 해야 한다.

이 내용은 전체 교육 과정에서 필수 요소로서 하기 방법을 통해 다루어진다.

- 강의 시작 초기의 공식적 소개
- 통역 역할극과 번역 연습에 포함된 주제
- 비슷한 행동규범을 공유하는 법률 서비스 종사자와의 토론 및 동료 연수생 간 토론

- **자기계발 및 전문성 개발 (제5장 참조)**

이 측면도 전체 교육 과정에서 빼놓을 수 없는 필수적 부분이다. 연수생에게는 하기 사항이 권장된다.

- 스스로의 학습을 책임 있게 주도적으로 꾸준히 이끌어 나간다.
- 동료의 학습을 도우며 본 직업군의 전문지식 총체에 기여한다.
- 좋은 성과를 내고, 새 업무를 맡을 때마다 더 배우고 더 나아지며 직업적 만족도를 창출하고 즐길 수 있는 방향으로 향후 진로를 계획하고 조직한다.
- 스스로의 신체적, 정신적 건강과 안녕을 지킨다.
- 언제 도움이 필요하며 어떻게 도움을 얻을지 안다.

2. 전문가 멘토링

'멘토링*mentoring*'은 자격 취득 후 전문적 도움을 동료에게 제공하는 과정이라고 정의할 수 있다. 보통은 평가나 검토의 형식이 아닌 정보 제공, 조언, 안내, 지원의 형태를 띤다. 멘토링이 잘 이루어지면 법률 통번역사들의 향후 진로상 모든 단계에서 큰 도움이 될 것이다.

비공식적으로는 오래 전부터 시행된 방식이지만 최근에는 이를 보다 분명하게 시행하는 것이 장려되고 있다. 이는 성격이 내성적인 신입을 간과하지 않기 위해서임은 물론 본능적으로 멘토 역할을 하는 선배가 하는 귀중한 공헌을 인정하기 위한 것이다.

멘토링은 비밀을 공유하는 직업군 안에서 이루어지기 때문에 멘토와 멘티 사이에서 벌어지는 일은 그들 사이에서 지켜야 하는 비밀이다. 다만 법률적 절차나 직업 전체의 평판이 위험에 처해 있는 드문 경우에는 예외이다.

멘토링이 유용한 이유는 다음과 같다.

- 법률 통번역사는 주로 혼자 일하므로, 잘 아는 사람의 도움을 받을 수 있으면 유익하다. 팀으로 일할 때도 멘토링 환경이 조성되어 있으면 도움이 된다.

- 법률 통역사는 스트레스가 심한 환경에서 일하고, 멘토가 없다면 일이 끝난 후 힘든 점을 털어놓을 적당한 사람이 없다.

• 다른 직업군에서도 동료와의 토론을 통해 해결될 수 있는 문제가 많은 것처럼, 동료 언어학자의 조언과 지원을 받을 수 있으면 도움이 된다.

멘토는 경험이 풍부하고, 충분히 검증되었으며 존경 받는 선배 법률 통번역사여야 한다. 그들은 멘토링 과정에 대한 교육을 재직 중 받은 상태여야 하며 사려 깊고 객관적이고 분별 있어야 한다. 최적의 방법은 언어 조합과 분야가 같은 사람 중 편하게 대할 수 있는 멘토 1~2명을 멘티가 직접 멘토의 동의 하에 선택하는 것이다. 멘토링은 보통 자발적인 봉사 형태로 행해진다.

멘토링이 언제 일어나는가는 관련된 사람들에 따라 크게 달라진다. 본 직업군에 처음 들어온 사람은 첫 해에 하는 많은 업무에서 멘토링이 필요할 것이다. 보다 선배인 실무자들도 때로는, 특히 매우 어려운 업무를 맡았을 때는 멘토링을 반길 것이다.

특히 새롭게 자격을 취득한 사람에게 멘토링은 유용할 것이다.

• 업무 전 멘토링의 예: 계약서나 합의서 검토, 예비연구*preliminary research* 수행을 위한 정보제공처 파악
• 업무 중 멘토링의 예: 불거진 문제나 불안감 공유
• 업무 후 멘토링의 예: 업무에 대해 철저한 논의를 진행하고 그로부터 배울 점 찾기

멘토링이 진행되는 방식은 상황에 따라 다소 다르다. 대부분의 경우는 지성과 정보를 갖추고 멘티의 말을 잘 들어 줌으로써 멘티가 전

문 실무에서 더 좋은 성과를 내도록 하는 것이 목적이다.

3. 긴급 상황 대처

법률 서비스는 언제나 검증된 법률 통번역사의 서비스를 받는 것을 목표로 해야 한다. 하지만 타국에서의 전쟁이나 자연재해로 인한 이민자 입국 등 예고 없는 수요, 이에 필요한 언어조합을 갖춘 검증된 통번역사의 부족 등 위기 상황이 닥치지 않으리라는 보장은 없다.

긴급 상황에 대한 대응이 만족스럽기는 쉽지 않은 일이다. 트레이너나 전문 기관 또는 통번역 전문 에이전시에 도움을 청하는 경우가 많다. 다음은 그와 같은 상황에서 다른 선택지가 없을 때 할 수 있는 것들이다.

- **구할 수 있는 최고의 통역사**를 선택한다. 찾는 방법으로는 다음이 있다.
  - 제3장에 제시된 것과 비슷한 평가 과정과 함께
  - 난민 집단에서 통역사를 선택해야 하는 등 특별한 경우에는 이민 후 정신적 외상*post-migration trauma*의 정도와 성격을 고려하는 등 더욱 관심을 쏟아야 한다. 예를 들어 언어 능력이 좋지만 정신적 외상을 입은 사람은 책임을 맡으면 더 상처를 받을 수도 있지만, 무엇인가 유용한 일을 하게 되어 오히려 회복에 도움이 될 수도 있다.

- **법률 서비스업계나 이민 당국과 일 처리를 확실히 함**으로써 다음이

가능하다.

– 당국이 사전에 서면을 통해 언어적, 전문적 한계가 있을 수 있음을 충분히 알 수 있다.

– 통역사의 능력을 가장 유용하게 사용할 수 있는 방법(예: 쓰는 말을 간단하고 모호하지 않게 요약하고, 주의 깊게 듣고, 중요한 사실 관계를 교차 확인할 필요성 등)을 사전에 준비할 수 있다.

– 긴급상황 통역사*Emergency Interpreter*를 불필요한 감정적 압박에 실수로라도 노출시키지 않고 그들의 노력이 가치를 인정받고 있음을 보여줄 수 있다. 난민이 아니더라도 이런 경우에는 준비를 제대로 하지 않은 상태로 중요한 책임을 떠맡는 경우가 많다.

• **시간이 허락하는 한 최대한의 준비자료와 오리엔테이션을 제공한다.**

이는 망명 신청자나 난민을 실은 비행기가 도착한 후 1시간이 될 수도 있고, 3주가 될 수도 있다. 긴급상황 통역사가 최근 스트레스에 노출된 상황일 경우 학습 과정에 영향을 미칠 수 있다는 점을 염두에 두어야 한다.

다음 사항이 오리엔테이션에 포함되어야 한다.

– 해당 통번역 업무에 대한 정보

– 행동규범과 모범실무 수칙. 규범과 일반 수칙은 이런 상황을 포용할 수 있도록 만드는 것이 중요한 바, 예를 들어 통역사가 이해를 못할 때 이를 표현하는 것이 용납되며, 왜 불편부당성과 비밀 유지가 중요한 지를 가르쳐 주는 것이다.

– 관련 주요 전문용어와 이에 대응되는 용어

– 인터뷰와 심리의 예상되는 형식과 목적

– 쌍방향 대화 통역 테크닉의 기초
– 함께 일하게 될 법률 서비스 관계자와 함께 하는 짧은 통역 역할극
– 작성해야 할 표준 문서나 서식의 의미
– 문제 해결 전략과 도움 받을 곳 (아래 참조)
– 건강 및 안전 문제

• **다른 언어권 구성원과도 긴급상황 통역사의 역할을 명확히 하여** 다음을 가능하도록 한다.
– 그들도 언어적 한계가 있음을 이해하고, 간단하고 명료하게 표현할 것이며 한편으로는 이 한계를 극복할 방법도 알게 될 것이다.
– 긴급상황 통역사가 따라야 하는 행동규범을 이해해 통역사에게 비밀을 유출하거나 공정성을 해치라는 압력을 넣지 않을 것이다.
– 언어권 내에서 그들의 위치가 부정적으로 왜곡되지 않을 것이다.

• **적절한 채용 시 조정을 거친다.** 여기에는 하기 사항이 포함된다.
– 급료 수준과 최저생활 지원 및 기타
– 보험 적용

• **지원**
– 멘토링(이전 소제목 참조)
– 필요한 경우 검증된 카운슬러의 도움
– 긴급상황 통역사가 난민 집단의 일원일 경우 다른 사람들에게 제공되는 숙박, 교육 및 시설이 긴급상황 통역사와 가족에게도 똑같이 제공되도록 보장해야 함

– 어려운 일이 있을 때 실무를 잘 아는 사람의 도움을 즉각 받을 수 있어야 함
– 가능한 경우 이중언어 용어 모음이나 웹사이트에 접근할 수 있어야 함
– 지속적인 실무 중 훈련

• 위기 후
– 적절한 보고를 받는다.
– 회복 기간을 지원한다.
– 요청 받은 경우 유용하면 적절한 참고 자료를 제공한다.
– 적절한 직업 가이드라인을 제시한다.
– 일이 적성에 맞고 자격이 충분하다고 판단된 사람은 정식 통번역 교육을 받을 기회를 준다.

제 2 절 전문대학원 석사학위 수준 교육

교육과정의 성격

먼저 강조할 점은 전문대학원 석사학위 수준의 법률 통번역사 양성 과정이 절대적으로 필요하다는 사실이다. 법률이라는 분야의 태생적 복잡다단함 때문에 높은 전문화 수준이 필요하기 때문이다.

석사 수준이 동떨어진 교육과정이 되어서는 안 되며, 초기 전문직 수준과 연관성 있게 꾸며져야 한다. 이는 매우 중요한 점이다. 둘 사

이에 연속성과 진전의 요소가 있어야만 연수생의 실무능력과 지식이 더욱 깊어지며 불필요한 반복을 피할 수 있다. 이를 통해 석사 수준 교육과정에서는 1단계 학위나 디플로마 수준에서는 너무 어렵다고 판단되어 미처 다루지 못한 전문 분야에 집중할 수 있다. 또한 법률 체계의 여러 분야에서 일어나는 통번역 실무를 깊이 다루기 위해서는 이 석사 수준 교육과정에 전문화된 특성을 부여해야 한다는 점이 매우 중요하다. 결국 이런 교육과정의 바탕에는 다음의 개념이 깔려 있어야 한다. 직업군에 대한 이해를 높이고 행동규범과 모범실무를 이행하며 연수생들이 법률 및 법률 통번역 언어뿐 아니라 더 많은 현장 사례*in-situ cases*를 활용해 법률 체계 내의 전문 분야에 입문하도록 하는 것이다.

1단계 학위 수준에 대해 설명했던 것과 같은 이유로 석사 단계의 교육과정에서도 학점 교환, 등가성 등 모든 나라가 공유하는 공통적 핵심이 있어야 한다. 하지만 그와 동시에 우리는 다시 한 번 국가별로 교육과정에 따라 특별히 조직된 다양한 선택적 전문화 프로그램을 제안할 수 있을 것이다. 이를 통해 교과목의 범위를 더 넓힐 수 있으며 연수생이 희망하는 전문 분야를 다른 나라에서 공부할 기회도 가질 수 있다. 이렇게 전문화 범위를 넓힘으로써 연수생은 교육 과정을 이수하면서 스스로의 교과 과정에 단위를 추가할 수 있고, 석사과정을 마친 사람도 다른 나라에서 제공되는 전문 교과목 단위를 이수함으로써 학습을 이어갈 수 있다.

교육과정의 목적

기본 목적은 법률 통번역 관련 지식과 실무능력을 향상시키는 것이다.

구체적 목적은 다음과 같다.

- 연수생이 전문화된 법률 통번역사가 되도록 훈련시킨다.
- 법률 통번역 분야 연구를 활성화하고 연구 전문가를 양성한다. 석사 단계의 연구는 박사 단계로 학업을 계속하려는 연수생에게 좋은 디딤돌이 될 수 있다. 이는 본 직업과 지식 전체에 큰 도움이 된다.
- 뛰어난 법률 통번역 트레이너 훈련의 기초를 마련한다.

교육과정의 목표

전문대학원 석사학위에서 해야 할 일은 다음과 같다.

- 교육과정이 개설되는 해당 국가의 형사 및 민사 사법 체계 관련 지식 심화
- 이민, 가족법, 세법 등 분야에서 유럽법*European Law* 단위 교과목 제공
- 법률 통번역 분야 관련 지식 심화
- 양쪽 언어 모두에서 격조 있는 법률 및 일상 언어를 작문하고 말하는 능력과 다양한 범위의 언어 청취력을 향상시킴
- 구체적이고 전문적인 상황에서 통번역 기술 향상(전환 기술, 일방 및 쌍방통역 등)
- 바디랭귀지의 적절한 사용과 해석, 화술의 효율적 사용 등 의사소통 기술 개선
- 변조*modulation*, 번안*adaptation* 등 통번역 전략의 효율적 사용 능력 향상

• 전문가로서 일하는 방법, 즉 다음의 방법 습득
• 문서화 기술을 올바르고 효과적으로 사용해 특정 사건 준비
• 재정 등 관리
• 행동규범 이행

기술 수준

제3장에서 연수생 선발을 위한 과정으로 언급된 적성검사는 향후 전문 교육 과정에도 반드시 필요하다는 점을 다시 강조할 필요가 있다. 이런 적성검사는 지원자의 언어 능력 수준은 물론 전환 기술 등 다른 면을 갖추었는지도 평가하므로 석사학위 수준의 강도 높은 법률통번역 교육과정을 충분히 해낼 지원자를 찾는 데 필수적이다.

각 교육기관은 수용 가능한 수의 연수생만 받아 근거리에서 연수생 검토와 평가가 이루어지도록 하고 학업이 더 잘 이루어지도록 해야 한다. 이를 통해 결과적으로 건설적인 피드백을 연수생에게 줄 수 있다.

교육과정 길이

이미 정립된 국가적 교육관행이 있겠지만 이상적으로는 석사 수준의 법률통역, 법률번역 또는 법률 통번역 교육과정은 시간제 2년이나 전일제 1년 과정 중 선택지를 제공해야 한다.

교수진

하기 인력을 포함하는 다방면의 전문가 교수진 구성이 권장된다.

• 경험 있는 통번역 트레이너 및 석사 수준의 응용언어학자
• 교수 능력이 검증된 법률 서비스 업계 실무자
• 선배 법률 통번역사
• 다른 교직원이 모든 연수생의 언어 측면을 다 다룰 수 없는 경우, 언어 강사

경제적 이유로 교수진 배치는 신중한 판단을 통해 학기별 기여도를 최대한으로 끌어올릴 수 있도록 해야 할 것이다. 경험을 쌓는 과정에서 교수진 간 조율이 잘 되지 않을 수 있으므로 다방면 전문가 교수진 사이의 적절한 조율과 브리핑을 위해서는 충분한 시간 투자가 필요하다. 시간에 따라 새로운 교수진을 영입해 강하고 창의적인 팀 역동성을 도모하는 것도 쉬워진다. 교수진 전원은 관련 분야에 출판하기 위한 개별 연구를 진행할 가능성이 높고, 이는 각 학문적 기반에 바탕을 두는 경우가 많다.

교육 과정의 형태

석사 수준의 통번역 교육과정 트레이너는 다음의 접근 방식을 통한 강의 경험을 필요로 한다.

• 학급 대상 강의와 세미나
• 실습 모니터링과 연수생 자습 지원
• 프로젝트 과제
• 학위논문

그러나 트레이너는 법률 통번역 업무의 구체적 중요성을 고려해 다

음 사항의 필요성을 판단할 수 있다.

- 실물 교재*realia* 사용: 등급이 매겨진 번역용 텍스트와 통역 시나리오를 연수생에게 연습시키되 실제 법률적 상황에 바탕을 둔 것을 사용한다. 단 이런 자료를 사용할 때는 직업상 비밀 유지의 관행을 존중해야 함을 명심한다.
- 공식 있는 법률 서비스 업계 전문용어 및 기타 언어 사용역 포괄
- 행동규범의 중요성 강조: 업무 처리에 있어서의 비밀유지, 공정성, 정확성, 진실성을 존중할 필요를 연수생에게 지속적으로 상기시켜야 한다.
- 법률 서비스 관련 모범실무 사례 견학 지원
- 교육과 연수생 보조뿐 아니라 자신의 전문성 계발을 위한 법률 서비스 실무자의 참여 유도
- 연수생이 건설적으로 현장 경험을 이용하고 공유하고 고찰하도록 지원: 이를 위해서는 선배 법률 통번역사와 전문적 맥락에 익숙한 법률 서비스 실무자와의 공조가 가장 좋은 방법이다. 선배 법률 통번역사를 동반하는 '섀도잉 전략*shadowing scheme*'의 형태가 가능하다.
- 연수생의 자기계발 및 지속적 전문성 개발 장려 (제5장 참조)
- 비교적 새로운 주제분야의 연수생과 지식체계를 개발하고, 이에 필요한 엄격한 접근법을 주입하는 관련 연구를 장려함

교육 과정 조직

1단계 학위 및 학사학위 수준에서와 마찬가지로 입문 단계에서는 하기 요소가 고려되어야 한다.

• **교육과정**에 대한 입문 단계: 교과과정과 시간표, 휴일 및 시험기간을 명시한 학사일정 등은 등록 시한 전에 회람되어 연수생들이 알고 결정할 수 있게 해야 한다.

• **트레이너**에 대한 입문 단계: 교과과정에 트레이너 소개를 첨부해 맡을 강의, 학력 및 관련 분야 경력 등을 소개한다.

• **연수생**에 대한 입문 단계: 친교 행사를 조직해 연수생들이 서로 만나고 동료애를 쌓을 기회를 제공한다.

• 과정이 진행되는 **교육기관**에 대한 입문 단계: 위치, 교통 편의 시설, 캠퍼스 안내도 등

학습 전략

통번역 활동에서 학습 전략을 지속적이고 의식적으로 사용하면 연수생이 성과 진전을 경험할 수 있으며 전문직으로서 미래 활동을 모니터하고 제어하는 법을 배울 수 있으므로 향후 자기계발에도 도움이 된다. 우리는 이와 관련해 한편으로는 초인지적*meta-cognitive* 또는 간접적 전략, 즉 구조적 선행 계획, 자기관리 및 자기 모니터링 등 개인이 학습 과정을 의식적으로 제어하는 활동의 중요성과 더불어, 다른 한편으로는 반복, 그룹화, 요약, 대체, 정교화, 노트테이킹, 추론*inferencing* 등 통번역 활동에 국한된 인지적 전략도 언급하고자 한다. 세 번째로 언급할 것은 대인관계 및 사회영향적*socio-affective* 전략으로서, 이 역시 대단히 중요하며 특히 통역의 경우에는 더욱 그렇다.

교육 과정 프로그램

다음의 교과과정 개요는 핵심 교과목 단위와 선택 교과목 단위를 묶어서 제공하며, 전문대학원 석사 수준의 일반적 목적과 구체적 목표에 부응하기 위해 채택될 수 있다.

- 양 언어 경쟁력 강화. 역시 구체적이고 복잡한 법률 텍스트 및 상이한 방언과 언어 사용역을 구사하는 다양한 연사 활용

- 전환 기술. 일방 담화 및 쌍방 대화, 짧은 순차통역 및 위스퍼링 동시통역 테크닉, 문장구역 및 문서번역 등 각 통번역 방식 고유의 기술(동시에 듣고 말하기, 들으면서 노트테이킹하기, 등가 검색 및 분석)의 완벽한 습득이 강조됨.

  통역 테크닉은 다음을 통해 훈련할 수 있다.
  - 역할극. 즉석 진행 또는 연수생이나 트레이너가 미리 준비한 것으로, 필요한 장면을 강의 중 역할극으로 연습 후 평가를 위해 녹화할 수 있다.
  - 통역이 있거나 없는 실제사례 녹취, 법률사례를 '진실되고 *truthfully*' '현실적으로*realistically*' 묘사하는 고품격 드라마나 영화 자료. 이를 통해 연수생은 전문 실무자로서 만날 수 있는 언어적, 윤리적, 법률적 복잡한 문제들을 분석하고 평가할 수 있으며 해당 분야 이해도 높일 수 있다.

  번역과 문장구역은 주로 복잡하고 전문화된 법률 텍스트에 초점을 맞추어야 한다. 교육과정에서는 번역 전략의 지식, 이해, 효과

적 사용을 강조한다.

– 법률체계 관련 지식: 각 대학이 정하는 핵심 및 전문 교과목 단위의 조합으로, 이민, 형법, 세법, 가족법 등 주요 시사 현안에 대한 비교유럽법*comparative European Law* 포함
– 통번역사를 위한 응용언어학: 언어의 구조*structure*, 통사론*syntax*, 문법*grammar* 관련 이해도가 높을수록 실무자의 자신감이 높아진다. 강조할 부분은 언어 사용역과 다양한 층위, 예를 들면 전 세계에서 사용되는 영어의 차이점 등이다.
– 언어와 해당문화: 연수생의 활동 언어권 문화를 다른 나라에서 학습할 수 있다. 목적은 연수생의 문화적 이해와 감수성을 넓고 깊게 함이다.
– 법률 통번역 이슈 연구: 연구문헌의 철저한 이해를 바탕으로 한 지식 습득은 그 자체로 후속 연구로 이어질 수 있고 이 분야의 선행학습을 구체적 실무 연습과 병행할 수 있다.
– 행동규범 및 모범실무 수칙: 연수생은 행동규범을 이해하고 여러 상황에서 준수할 수 있어야 한다. 현 수준에서는 구체적 법률사례 관련 연구와 토론으로 더 깊이 학습할 수 있다.
– 문서작성 및 컴퓨터 활용능력: 연수생이 학자나 실무 통번역사로서 필요한 정보에 보다 쉽게 접근할 수 있다.
– 하기와 같은 선택 과목을 구체적으로 개발할 수 있다.
  · 트레이너 훈련
  · 통번역사 저서 연구: 목적은 통번역사의 기능을 객관적으로 상세하게 이해하는 것
  · 프로젝트 과제를 통한 전문화

· 필수 논문
· 일자리 알선

위는 한 가지 선택일 뿐이며 다른 선택도 있을 수 있다.

전문가 멘토링

전문대학원 석사 과정의 성격상 법률 및 통번역 문제 관련 멘토링의 필요성이 더 클 수 있다. 따라서 연수생은 초기 전문직 단계에서 설명한 바와 마찬가지로 경험이 풍부한 법률 통번역사와 접촉할 수 있어야 한다.

특히 선배 통번역사가 업무현장 방문을 주선하는 것이 큰 도움이 된다. 더 높은 수준의 실습 강의가 현장실습 전에 진행될 수 있다. 실습은 법률번역 회사, 고등법원이나 전문법원, 또는 약물 재활, 아동학대 및 피해자 지원과 같이 전문화된 분야 등 다양한 곳에서 진행될 수 있다. 다음은 논의 주제를 시사하는 분야다.

- 연수생 필요에 맞는 실습 자리 알선
- 일자리 알선 시 보험, 합의서나 계약 등 모범 관행의 적용
- 의사 소통 라인, 책임 및 신뢰
- 누가, 언제, 어떻게 실습생 관리감독을 할지 명확한 정리와 협상
- 현장 경험의 건설적 활용

제 5 장

지속적 전문성 개발

Continuing Professional Development

1. 법률 통번역사에게 지속적 전문성 개발(CPD)은 어떤 의미가 있나?

CPD는 새로운 개념이 아니다. CPD는 모든 전문인력이 직업으로 수행하고 있는 특정 전문활동을 규정·정형화해 해당 전문분야의 최신정보를 따라잡을 뿐 아니라, 혁신 및 연구를 통해 발전을 선도한다. 그 결과 CPD는 각 전문분야에서 요구되는 표준을 유지해 개별 전문가의 입지 및 전문직종 전반의 위상 강화, 고용인과 고객의 해당 전문분야에 대한 신뢰도 제고에 일조한다.

그러므로 CPD는 몇몇 유럽국가에서 신종 혹은 발전하는 직업으로서 기존 전문직종 수준의 공인을 확보하려는 법률 통번역사에게는 특히 중요한 의미를 지니고 있다. 뿐만 아니라 CPD는 법과 법절차 및 활용 사례가 끊임없이 변화하고 있는 현실에서 더 중요하다. 법률 통번역사는 이런 변화가 법률 통번역사로서의 자질에 영향을 미치는 수준까지는 인지하고 습득해야 한다.

법률 통번역사는 생명, 보건, 치안, 이민, 가족법, 마약밀매 및 국제범죄와 연관된 문제를 빈번히 다루므로 업무의 중요성이 크다. 그러나 대부분의 유럽 국가에서는 법률 통번역사를 전문직으로 인식하지 않는다. 따라서 특정 핵심부문에서 표준화를 이룬 CPD시스템이 널리 알려지면, 법률 통번역의 표준을 보증하고 법률 통번역의 전문화에 중요한 전기를 마련할 수 있다.

규범적인 운영체계에 머무르고 있는 전문직종을 제외한 전문가협회 대부분의 행동규범은 일반적으로 회원의 최신정보 습득 및 기술·지식 업데이트를 의무화하고 있다. 광의의 CPD에 해당하는 이러한 의무사항은 EU 법률 통번역사에게 제시된 행동규범에도 적용된다. 즉, CPD는 모든 통번역 전문가가 익숙하게 수행하고 있는 모든 활동영역을 아우른다고 할 수 있다(제7장 참고).

2. 법률 통번역사를 위한 CPD 활동

법률 통번역사가 자주 수행하게 되는 광범위한 활동이 현재 CPD의 일부로 인식되고 있다. 완전하지는 않지만 법률 통번역사에 해당하는 CPD 활동을 무작위로 선정해보면 다음과 같다.

- 전문학술지, 전문지, 기타 출판물, 언론매체, 영상물, 도서관장서, 인터넷 등 정보출처 및 현재 업무·연구에 관한 논평을 조사한다.
- 기본역량 및 법률체계·용어·절차 관련 지식 개선 혹은 향상을 목적으로 교육과정, 컨퍼런스, 세미나, 워크샵, 강의, 회의, 통번역 훈련과정에 참가한다.
- 교육과정, 컨퍼런스 및 기타 행사를 위해 논문, 강의, 워크샵 자료를 준비하고 제공한다.

- 출판목적의 논문, 소논문, 장(章), 책을 연구 및 저술한다.
- 컨퍼런스, 회의 및 기타 관련 행사를 주최하고 의장직을 수행한다.
- 법률 통번역사에게 유용할 운영 및 관리 능력을 계발한다.
- 데이터 은행, 번역 소프트웨어 패키지, 기계번역, 필요한 경우 동시통역 시설 등 업무에 필요한 과학기술 관련 지식을 갱신한다.
- 추가 연구를 통해 기술과 지식을 향상한다.
- 다양한 방법을 통해 기술과 지식기반을 개선한다.

1) CPD 수행을 결정짓는 요인

시간, 장소, 접근가능성, 비용 및 적격여부 등 외부적 요소로 보이는 다양한 요인이 CPD 수행을 결정짓는다. 그 결과 CPD 활동 여부는 자격 유무 결정의 대상이 되고, CPD 수행 여건이 되는 개별 전문인력의 성향과 기호에 달려있다고 볼 수도 있다. 그러나 이제 고용주, 서비스 제공자, 전문가협회, 고객뿐만 아니라 전문인 스스로도 CPD를 더욱 중요하고 의미 있는 것으로 받아들이고 있기 때문에 CPD 활동을 체계화해 볼 가치가 있다.

2) 개별 전문 통번역사는 언제 어떤 방식으로 CPD 활동에 참가해야 하는가?

법률 통번역사의 적극적인 CPD활동을 유도하는 결정요소는 다양하다.

- **자가 평가.** 역량, 성과 및 자신감에 대한 스스로의 인식을 바탕으로 자가 평가가 이뤄진다. 자가 평가는 지식뿐만 아니라 준수해야

하는 표준과 자신의 업무실력에 대한 이해를 동시에 요구한다. 결국 목표는 CPD를 통해 업무실력과 표준간에 존재하는 간극을 줄이거나 업무실력, 역량, 혹은 전문지식을 향상시키는 것이다.

효과적인 업무능력 관리방법 중 하나는 특정과제 수행에 어떤 능력이 필요한지, 어떻게 하면 가장 효과적으로 수행하는지를 미리 평가하는 것이다. 이러한 준비과정은 유용한 관리도구일 뿐만 아니라 과제 수행을 준비하기 위한 실질적인 방법이다. 과제 수행을 위해 어떤 지식, 용어 및 언어통역기술이 필요한지 구체적으로 알고 있어야 한다. 노트를 해두면 진전 상황을 문서로 기록해둘 수 있어 도움이 되며, 업무실력 관리 과정에서 수시로 참고할 수 있다. 자가 평가 범주 이외의 내용이라 하더라도 다른 전문인, 관리자, 법률회사 대표에게 조언을 요청하면 자가 평가절차에서 도움을 얻을 수 있다.

- **언제 시작할까?** 자기계발은 현재진행형의 과정이며, 이것이 바로 전문가 계속 교육의 개념이라고 할 수 있다. 대개 정규 훈련과정이 완료된 이후에 CPD를 시작해야 한다고 생각하지만, 자기자신의 업무실력 인식, 자가 평가 및 관리과정 또한 훈련과정의 일부이다. 중요한 것은 갓 자격을 획득한 전문인이 기반을 잡고자 할 때 계속 CPD를 염두에 두어야 한다는 것이다. 이 시기에 CPD는 전문가 개인의 업무실력과 자신감 향상에 유익하며 결과적으로 업무수행의 질적 수준을 개선시킨다.

- **장기적 목표 수립**. 법률 통번역사가 장기적인 목표를 갖고 있을 때 자기 평가의 효과가 극대화된다. 초기 단계에 완벽한 계획을 세운다는 것은 너무 제한적이고 자주 수정될 소지가 있지만 전문

가는 장기적 목표와 비교하면서 현재의 업무실력과 역량을 측정할 수 있기 때문이다. "2년, 5년, 혹은 10년 후 어떤 위치에 있고 싶은가?", "어떻게 그 위치에 오를 수 있을까?" 같은 질문에 대한 답변은 외부 상황이 실제로 변화하는 것처럼 개인의 가치관의 변화에 따라 변화할 수 있지만, 잠정적으로 답해보는 것도 유용할 수 있다.

3) CPD와 평생교육

평생교육*lifelong learning*과 CDP를 비교하는 질문이 가끔 제기된다. 평생교육과 CDP는 같은 개념인가, 다른 개념인가? 다르다면 어떤 식으로 다른가? 다양한 방식으로 두 개념을 비교할 수 있지만, 한 가지 분명한 점은 평생교육은 비체계적 CPD, 즉 개인이 자신의 직업과 관련된 특정 이슈나 활동에 개인적인 관심을 가지고 임하는 CPD와 밀접한 연관이 있다는 것이다. 개인이 승진 전망, 연봉 상승, 권한 강화 등 다른 동기를 갖기 시작하면 생산성을 높이기 위해 가용 시간을 체계적으로 계획하려 할 것이다. 바로 이때 평생교육이 체계적인 형태의 CPD로 전환된다.

3. 준(準)구조적 개별 CPD 계획과 구조적 직장 CPD 시스템

보다 집중적이고 구조적인 CPD로의 전환을 결정짓는 요소는 다음의 두 가지이다.

- 개별 통번역사가 직업적으로 관심을 갖는 경우 비구조적인 CPD 활동이 준구조적 성격을 띠는 개별 CPD 계획으로 이어진다.

- 고용주, 법률회사 및 기타 서비스 제공자가 유능하고 최신 경향에 밝은 법률 통번역사를 필요로 하는 경우 대체로 구조적 성격을 띠는 직장 CPD 시스템이 형성된다.

1) 준구조적 개별 CPD 계획

준구조적 개별 CPD 계획의 장점

준구조적 개별 CPD 계획을 통해 법률 통번역사는 다음과 같은 다양한 이점을 누릴 수 있다.

- 법률 통번역사가 지속적으로 CPD를 접하면서 직업적 흥미를 유지할 수 있다.

- 힘들거나 심지어 생명의 위협을 느끼는 상황에서도 CPD를 통해 역량, 업무실력, 자신감을 향상시킬 수 있다.

- 통번역사가 자율적으로 스스로의 전문성 개발 방향을 결정할 수 있다.

- 법률회사, 서비스 관리자, 미래의 고용주, 고객은 CPD를 통해 해당 전문직 종사자의 장래성을 확신할 수 있다.

• 직원평가에서 CPD활동이 긍정적으로 작용한다.

• CPD 활동을 통해 새로운 직업 기회를 창출할 수 있다.

개별 CPD 계획 개발법

CPD의 장점을 인식한 개별 전문직 종사자는 비구조적 CPD활동을 더욱 일관적이고 준구조적인 개인별 CPD 계획으로 전환할 수 있는 방법을 모색할 것이다. 전환 과정에서 앞서 언급한 자가 평가가 중요한 역할을 차지한다. 첫 번째 단계는 다음의 질문에 가능한 한 많이 답해 보는 것이다.

• 나의 강점과 약점은?
• 내가 현재와 향후에 전문적으로 개선해야 하는 경력, 기술, 지식은 무엇인가?
• 내가 배울 필요/의지가 있는 수준은 어느 정도이며, 어떤 순서로 진행해야 하는가?
• 효과적인 목표달성 수단은 무엇인가?
• 고용주와 협의하거나 동료와 협력해야 하는가?
• 학습 결과 거두고자 하는 장단기적 결과는 무엇인가?
• 목표 달성 시한은 언제인가?
• 투자의 이점은 무엇이며 누가 비용을 부담하는가?

법률 통번역사는 일하는 동안 연륜과 통찰력을 쌓으면서 축적한 특정 분야 관련 기술, 지식 및 관심을 자신의 업무 영역에서 더욱 특별한 수준으로 발전시키고자 할 수 있다. 예를 들어 숙련된 법률통역사는 특히 중요하거나 까다로우면서 자신의 언어전공과 연관된 가족법 혹은 이민관련 법 사례를 접할 수 있다. 따라서 통역사는 특히 해당 분야에서의 통역수준 개선을 원할 수도 있다. 그 결과 통역사는 법률 회사뿐만 아니라 교육과정 제공 기관과의 협의 하에 보다 집중적인 CPD 활동을 실시할 수 있다.

이처럼 숙련된 전문가는 초청을 받고 해당 직종 신입인력 훈련을 도우면서 그룹 트레이너나 개별 법률 통번역 훈련 대상자의 멘토로 활동할 수 있다.

자발적 동기부여와 규율이 있을 때 개별적 CPD 계획이 수립된다.

전문가들 사이에는 개발교육 수립에 일종의 반감이 있는데, 시간, 노력, 비용 및 효용성이 원인이기도 하지만, 숙련된 전문가조차도 CPD가 필요하며 개별적 CPD 계획을 통해 얻을 것이 있다는 사실을 인정하기 꺼리는 태도 때문이기도 하다.

때때로 이러한 거리낌이 '내가 정말로 이것을 해야 하나?'라는 생각으로 표출되기도 한다. 어떤 직종에서든 가장 숙련되고 우대받는 전문가는 대개 구조적인 CPD를 진심으로 지지하며, 적극적인 CPD 활동 참여를 통해 높은 위치에 올라갔을 확률이 높다. 비구조적인 CPD 활동의 경우 예외 없이 시간과 노력을 요하지만 대개 개별적 CPD 계획이나 직장 CPD 시스템만큼 구직 가능성이나 연봉 상승 기대를 향상시키지 못한다. 심지어 직업만족도조차도 비구조적인 CPD 활동보다는 구조적인 CPD 시스템을 통해 더욱 향상될 수 있다.

2) 구조화된 직장 CPD 시스템

법률 통번역사를 위한 CPD 시스템은 다음과 같은 주체에게도 동등한 의의를 지닌다.

- 법률회사, 서비스 제공자 및 고용주
- 전문직협회
- 교육과정 제공자, 학술기관 및 트레이닝 기관

대개 CPD 시스템에는 한 명 이상의 전문가뿐만 아니라 고용주 및/또는 전문가협회까지 참여한다. 참여주체는 CPD에 필수적으로 포함되어야 할 요소 및 다음과 같은 요소를 구체적으로 합의하기를 원할 수 있다.

- 참여자
- CPD 내용
- CPD 시기
- CPD 범위
- 투자 부담 주체

4. CPD와 고용주, 전문가협회, 학술 기관

고용주는 역량 있는 전문가가 극히 부족하거나, 전반적인 교육 및 트레이닝 정책의 일환으로 업무표준을 유지하고 향상시키고자 할 때 CPD시스템에 참여한다. **전문가협회**는 CPD가 업무표준 보호 역할을 수행할 수 있도록 개발하고 지원해 해당 전문직 전체 혹은 특정 분야의 표준을 확보한다. **학술기관 및 연수기관**은 관련 교과를 제공할 수 있다. 교과 제공 시에는 대체로 고용주 및/또는 전문가협회와의 협의 혹은 협력을 거친다. 전반적인 표준 유지 기능 외에도 CPD시스템은 특정 전문가가 필수적인 특정 전공분야에서 일할 수 있는 훈련과 자격을 갖췄음을 확인하기도 한다.

전문가는 스스로 관심이 생겼을 때 및/또는 높은 수준의 표준이나 특정 전문지식 혹은 전공 습득에 대한 필요성을 느꼈을 때 CPD시스템에 참여한다. 즉, 참여 동기는 결국 자질 강화, 고용가능성 증대, 직업안정성 혹은 소득증대 등이 된다.

다른 경우, **법률서비스 제공업체**가 필요에 따라 개별 통번역사에게 전문지식이나 자격 취득을 권할 수도 있다. 해당 통번역사가 연수 및 자격 취득에 관심이 있을 수도, 없을 수도 있으나, 고용주는 통번역사의 특이 경력과 전문지식을 바탕으로 연수 적격자라는 판단을 내렸을 수 있다. 초기에 관심이 없었더라도 연수에 필요한 열정과 의지를 추후 개발하는 한, 통번역사는 애초에 관심을 가졌던 것과 마찬가지의 연수 효과를 거둘 수 있을 것이다.

학술기관 및 연수기관은 CPD의 여러 분야를 다루는 다양한 교과과정을 제공할 수 있다. 여기에는 단기 일반재교육 과정, 단기 전문 과정, 최신 법률 용어 혹은 특정 분야의 절차적 지식 등 구체적 목적의 주말 교육과정 등이 있다. 교육제공기관은 고용주의 필요, 통번역사의 관심, 무엇보다도 통번역사의 언어에 따라 교육과정을 다양하게 편성할 수 있다. 특정 과목에서는 교수 경험이 있는 법률가가 강의해야 한다.

영국 공공 서비스 통역 디플로마(DPSI) 등 1단계 학위 혹은 학사 학위 자격을 갖춘 법률통역사는 특정 세부전공을 심화 연구하거나 석사학위를 취득할 수 있다. 이런 심화 학습은 바람직할 뿐만 아니라 어떤 면에서는 필수적인 자격요건이 되기도 한다. 현재로서 모든 EU 회원국이 광범위한 언어 과정에서 영국의 법률 통번역 학사 수준에 상응하는 학위 및 석/박사 학위를 제공하는 것은 아니다. 그러나 출신 국가, 언어, 문화적·사회적 요소에 상관없이 모든 EU 국민의 평등한 사법 접근권을 보장하는 유럽인권협약이 시행되면 이런 현실은 달라질 것이다. 유럽인권협약이 시행되면 유능하고 자격을 갖추었으며 가능한 경우 연륜 있는 법률 통번역사가 전 세계 주요 언어 및 활용도 낮은 언어에 대한 통번역 서비스를 제공하는 것은 필수가 된다.

5. CPD 기록 및 평가법

특히 전문가협회가 제공하는 일부 CPD시스템의 경우, 특정 CPD 활동에 맞게 구성 및 측정될 수 있다. 일부 전문가협회는 정해진 시간 제한을 백분율(%)로 설정해 놓고 있다. 일례로 학습자는 매년 총 CPD 참여 시간 중 5% 이하를 학술지 읽기에 할애해야 한다. 총 참여시간은 최소 35~50 시간이다. 대부분의 교육과정에서 CPD 참여 증빙은 필수이며, 그 방법은 개별 통번역사의 기록 혹은 컨퍼런스 출석 확인 및 비정기적 무작위 출석체크이다.

흔히 CPD 교육의 운영원리는 '당근과 채찍'이라고 할 수 있다. 당근은 직종 내 고위급 지위를 나타내는 영국식 명칭인 '공인*chartered*' 혹은 '특별회원*Fellow*' 등 특별한 호칭이고, 채찍은 가령 명예롭고 경제적 이득이 크거나 전문화된 분야의 업무에서 배제되는 것이다. 대개 통번역사 및 기타 언어학자 관련 전문가협회는 포괄적인 CPD 시스템 개발에 적극적이지 않은 것으로 보인다. 인식제고 등 회계, 법률, 의학 및 일부 과학기술 전문분야에서 이미 이뤄진 CPD시스템 개발이 법률 통번역 분야에서도 이뤄져야 한다.

CPD 시스템이 도입되려면 하기 사항 관련 합의가 이뤄져야 한다.

- CPD로 인정되는 활동
- CPD활동 평가 방식 (점수제도, 차등비중)
- 학습 난이도
- 학습 목적
- CPD활동 기록 및 검증 방법
- 연도별/난이도별/교과별 학습목적 달성에 필요한 총 CPD 시간
- 난이도별 학습목적 달성에 가장 효과적인 CPD활동 편성 (차등비중)

CPD 시스템의 효과

- **개별 법률 통번역사**는 업무에 대한 헌신도, 역량, 직장, 미래전망, 지위, 통번역 요율 유지
- **법률 통번역업계**는 표준, 역량, 신뢰도 및 지위 확보
- **고용주**, 서비스 제공자, 고객은 업무기술 개선, 전문지식 및 지식 향상, 자신감 및 신뢰도 상승에 따라 더 나은 서비스를 제공받음

6. EU 내 법률 통번역의 전문직화와 CPD의 역할

어떤 직종이든 최대한 발전하고 공인되기 위해서는 연수 및 교과 수료, 세부 영역에서의 최소한의 필수 CPD활동에 대한 합의가 이뤄져 있어야 한다. 그러나 현재로서는 대부분의 유럽국가들이 법률분야에서 다뤄지는 언어를 구사하는 법률 통번역사에게 필요한 연수 및 자격획득 시스템을 명확히 마련해 놓지 않은 실정이다. 일부 국가들의 경우 두 개 이상의 언어를 미흡하게나마 구사할 수 있으면 통번역사가 되어도 좋다는 인식에서 크게 벗어나지 못했으며, 이 문제는 널리 사용되지 않은 언어일수록 더 심각하다.

연수, 자격획득, CPD시스템에 대한 합의를 이루려면 모든 이해관계자의 협력이 필요하다. 전문가협회는 학술 및 연수기관과 협의해 표준을 설정하고 수료대상 교과과정을 개발해야 한다. 전문가협회는 정회원 자격 취득 절차를 합의된 표준 및 교과과정에 맞게 규정하거나 필수 CPD 완료 시 정회원자격을 취득할 수 있게 해야 할 것이다. 물론 이행에 어려움이 따르겠지만 고용주가 해당 자격을 갖춘 통번역사만을 고용함으로써 CPD시스템에 협력하는 것도 필수적이다. 고용주 측면에서 이행이 어려운 까닭은 무자격 혹은 자격 불충분 통번역사 고용의 위험에 대한 인식이 부족하거나 통번역료에 대한 부담 때문이다.

결국 법률회사, 연수기관, 전문가협회와 고용주 모두 관련 당국과 협의 하에 표준, 교과과정, 필수 CPD활동을 널리 알리고 입법화해야 한다. 유럽차원에서 행동규범에 대한 합의를 이루는 것이 이러한 목표 달성의 일환이라고 할 수 있다. 그로티우스 프로젝트*Grotius*

*Project*가 CPD 활동을 촉진시키는 방향으로 진행되어 왔고, 필수 CPD가 필요 및 기존 관행에 따라 EU회원국 간 여전히 차이를 보이고는 있지만, 그로티우스 프로젝트에 따라 선별, 연수, 언어능력, 유럽 행동규범에 대한 합의가 권고되고 있음에도 불구하고 여전히 목표 달성은 요원하다.

7. 결　론

EU 내에서 벌어지는 어떠한 법적 상황에서든 효과적인 의사소통을 위해 한 개 이상의 언어가 필요하다면, 자격 있는 통번역사의 서비스를 쉽게 받을 수 있어야 한다. 필요한 언어의 종류, 해당 언어의 사용자 수 및 지리적 기원에 불문한다. 이런 목표는 비교적 새로운 개념으로서 법률 통번역이라는 직업의 기반을 확장할 것이다. 법률 통번역이 법률 절차에 미친 지대한 공헌을 감안해 볼 때 지금보다 더 많은 언어에 대한 연수, 교과과정 및 CPD를 시급히 개발해야 한다. EU 회원국 및 후보국 내 법률 통번역에 관한 그로티우스 프로젝트는 이런 필수적 개발과제에 대한 의미 있는 역할을 담당하고자 한다.

저자 주

1990년대 중반 이래 다양한 영국 정부기관에서 다음과 같은 CPD 연구가 수행되었다.

- 영국교직원개발기구 제5팀 *UKUCoSDA Task Force 5, 1994*, 비정기 녹서 제10호, '고등교육종사자를 위한 CPD'
- 교육과정평가원*QCA* 회의록 제1호, 1998년 7월, 영국교육과정평가원의 'CPD 표준 및 직업자격', CPD 연혁 포함
- 모국어표준, 통역 레벨 5, 2000년 8월, 영국국립언어교육원 발간 모국어 표준 중 CPD 관련 Int. 5.3.1, 5.3.2.
- 모국어표준, 번역 레벨 4, 5, 2000년 11월, 영국국립언어교육원 발간 모국어 표준 중 CPD관련 T 3.1, 3.2, 3.3, 3.4.

자세한 정보는 *Bell, 2000; Connell, 1998과 Ostarhild 1997, 1998, 1999* 참고

제 6 장

트레이너 교육

어떤 직종에서든 트레이너의 역할은 매우 중요하다. 트레이너는 정보와 기술을 전달할 뿐 아니라 향후 해당 직종에서 일하게 될 사람에게 필수적인 표준, 가치, 행동양식을 교육한다.

훌륭한 트레이너는 당면과제 해결에 필요한 엄격성과 책임감을 본보기로 보여준다. 또 자신이 최고에 오르는 과정에서 느낀 열정, 지적 호기심, 즐거움을 알려주는 것도 중요한 임무이다.

법률 통번역이 전혀 새로운 언어 관련 직종은 아니다. 법률 통번역은 수백 년 동안 존재해온 분야다. 새로운 점이 있다면 필요한, 혹은 긴급히 필요한 통번역사의 수와 통번역 대상 언어 수가 계속 늘고 있으며, 전문직으로서의 규범이 발전했다는 것이다.

전문 트레이너 집단이 업무 진행에 필요한 이유는 다음과 같다.

- 트레이너의 문제접근방식과 자질을 통해 급속도로 발전하는 업무 영역의 접근방식과 업무 수준을 일관성 있게 유지시킬 수 있다.

• 일반 업계 종사자와 차별화되는 트레이너 집단은 최신 아이디어와 실무 습득을 위한 교육내용 변경을 수월하게 할 수 있다.

• 연륜과 필수적 교수 능력을 동시에 가진 통번역사가 특화된 법률 통번역을 가장 잘 가르칠 수 있다.

• 법률 통번역은 일련의 상호의존적 기술이 한꺼번에 필요한 직종이다. 여러 트레이너가 각 기술을 개별적으로 가르치는 것 보다는 한 트레이너가 가능한 한 많은 기술을 가르치는 것이 더욱 경제적이고 효과적이다.

• 법률사무소 등 관련 전문분야 강사가 제공하는 심화 교육을 최대한 활용하기 위해서는 업무를 잘 아는 사람의 조율이 필요하다.

1. 트레이너 교육 대상자 선발

교육업무에 부적합한 트레이너를 선발하는 것은 미래의 트레이너나 학생에게 모두 불행한 일이다. 경력이 많다고 해서 모든 현직 전문가가 자신의 기술을 잘 전달할 수 있는 성격과 자질을 갖출 수 없으며, 교육이 아닌 다른 분야에 재능을 가진 전문가도 많다. 이는 어느 분야에서든 마찬가지이다. 훌륭한 트레이너는 인내심, 인지력, 관대함, 엄격함이 잘 조합된 자질을 갖추고 있어 매년 새로운 학생을 접하고 학습기간 동안 각 학생을 잘 이끌고 지원할 수 있어 학생은 개인적으로나 직업적으로 모두 발전하게 된다.

실제로 대부분의 트레이너교육 지원자들은 자신의 기술을 전수해 본 경험이 있고, 정규 연수 전에 이미 자기 자신과 동료에 의해 사전 선발되었을 가능성이 있다.

정교하고 체계적인 선발 면접을 통해 지원자와 면접관이 서로 정보를 교환하는 것도 중요하지만, 다음과 같은 객관적인 증거를 제출하게 해 확인하는 것도 중요하다.

- 학부 수준 이상의 법률 통번역 자격
- 특정 기간 이상의 만족할만한 실무 경험
- 잠재적 교수 능력
- 안정적 심리상태 증빙 기록

2. 교육과정 내용

교육과정 과목은 다음 네 가지로 구성하는 것이 바람직하다.

1) 교육이론

교육 이론 과목의 목적은 다음과 같다.

- 트레이너교육 대상자가 핵심적인 교육, 교수 이론을 배움으로써 다양한 교육학적 접근방식과 교수방법을 이해할 수 있게 한다. 문화적 배경이 다양한 학생 구성의 경우 또 다른 과제가 발생하는데, 예를 들어 개별 학습과 교수 방식의 조화를 이루기 위해 추

가적인 사전준비가 필요하다.

- 트레이너교육 대상자에게 법률 통번역 범주내의 인지 및 언어 과정, 대인관계 기술의 본질을 이해할 수 있는 통찰력을 가르친다.

2) 교수법

교수법 과목에서는 교육 대상자가 다음 사항을 계발할 수 있도록 한다.

- 학생이 필요로 하는 기술을 맞춤으로 교육하기 위한 다양한 교수법과 학습과정 지원 방법에 따른 교육과정 및 교육 계획
- 학생 선발 및 신상정보 수집 전략, 교육과정 전반에 걸친 감독 및 평가를 위한 전략
- 적절한 교수 자료 및 효과적 자료 활용 방안
- 품질 보증 구조
- 학생 관리 기술
- 자신의 교수 및 직업능력을 유지 및 개선하기 위한 방법

앞서 언급한 계발 목표 달성에 효과적인 것으로 밝혀진 접근방식은 다음과 같다.

- 마이크로 티칭. 즉, 교육과정의 일부 시연
- 동료 교육. 즉, 동료에게 모의 수업
- 소규모 세미나에서의 발표

• 개별 및 집단 과제
• 개별 지도

3) 교수실습

교수실습 과목의 목적은 트레이너교육 대상자가 교사의 도움을 받아 실전 경험을 쌓고 교수능력과 자신감을 키우게 하는 것이다. 교수실습과정 설계 시 고려 사항은 다음과 같다.

• 개별 교육대상자의 필요에 맞는 실습 장소 배정
• 교수실습 장소제공 교육기관과의 사전 협의. 예를 들어 해당 교육기관 학생의 요구사항, 교과과정, 필수 교육목표
• 트레이너교육 대상자의 자발적 참여 격려
• 실전배치 시 교육 대상자 감독
• 실전배치 후 교육 대상자의 보고
• 실습 기관, 교육 대상자, 교육 대상자 감독자 사이 피드백
• 경과 기록 및 실습 기관에 대한 평가

4) 관　리

관리 과목은 트레이너가 된 후 교과 계획과 구성을 담당할 트레이너교육 대상자를 사전 준비시킨다는 목적이 있다. 하기 사항이 포함된다.

• 자원 관리
• 해당 교과 소속 기관에 대한 책임감

- 직원 선발 및 개괄보고, 정기적 협의회 등을 통한 교수진 구성, 유지 및 지원
- 법률사무소 소속 전문가와 법률용어전문가가 제공한 정보 선별, 발표, 조율
- 법률서비스 현장 방문 확인, 조율 및 관리
- 연례 감독 보고서 작성 등 인정된 품질 보증 체계 준수
- 충돌 및 이견 조율
- 일지 작성에 관한 인정된 규정 준수
- 보건 및 안정 규정 이행 확인
- 의사소통 및 보고 채널, 대학 내에서 전문적 관계 유지
- 전문 언어 및 법률 분야, 관련 국가시험 및 전문가협회와의 전문적 외부 관계를 적절히 유지

앞서 언급된 사항은 대부분 직업 일선에서 상식과 비공식적 불문율을 통해 습득되곤 했으나, 오늘날처럼 복잡다단해진 세상에서는 신입 트레이너에게 기본적 정보, 기술 및 구조를 가르쳐 트레이너의 발전을 도모하는 것이 바람직하다.

트레이너를 사전 준비시키기 위해 적용할 수 있는 접근방식은 다음과 같다.

- 정규 강의(예: 예산계획 및 고용법에 관한 강의)
- 세미나(예: 직업 심리학, 팀 구성, 분쟁 해결에 관한 세미나)
- 법률사무소 소속 트레이너와의 학제간 세미나
- 숙련된 트레이너 모방

• 타 분야 교육자 교수방식 참고를 위한 다른 대학 방문
• 시험관리 및 전문가협회 방문, 협회의 공개회의 참석
• 소규모 프로젝트 진행
• 국내 및 국제 관련 전문가 회의 참석

3. 평 가

대학은 다음 접근방식을 혼용할 수 있다.

• 교육 이력 및 경력 인정

트레이너교육 대상자 중에는 이미 타 기관에서 과목을 일부 이수한 사람이 있을 수 있다. 충분한 객관적 증거를 바탕으로 신중한 판단을 통해 수료과목과 경력이 법률 통번역사 트레이너의 자격으로 인정될 수 있는지 결정해야 한다. 인정되는 증거는 관련 대학원 학위 혹은 미리 합의된 포트폴리오 등 자격증명서의 형태일 수 있다.

해당 과목의 주요 부분은 완료했으나 관련 요소는 다루지 못한 교육 대상자가 있을 수 있다. 이미 이수했고 경력이 인정된 부분은 재교육 받을 필요가 없지만, 빠진 부분은 분명히 확인 후 이수시켜야 한다. 하기 사례가 해당 범주에 속한다.

• 교육학 대학원을 수료했으나 다문화 혹은 언어학 관련 과목을 이수하지 않은 경우
• 교수자격을 획득하고 교수경력이 있으나 교수과목이 법률 통번역이 아닌 경우

- 교육행정 경력이 있으나 법률 통번역 분야가 아닌 경우

이런 교육 대상자는 같은 상황에 있는 사람들이 참고할 수 있는 사례가 될 수 있다.

- **교수실습 평가**

다음에 대한 사전 합의와 정보 공유가 있어야 한다.

- 세션 수(6개 중 상위 4개 세션)
- 세션 길이
- 학생 수, 수준, 유형
- 과목 내용의 범위 (예. 역자주에 대해서는 수업시수 4회 이상 할애하지 않음)
- 활용 교수법의 범위와 근거
- 강의목표에 적용될 기준
- 실습 평가단
- 평가 기준

- **프로젝트**

프로젝트는 트레이너교육 대상자의 향후 실제 트레이너 활동을 돕고, 지식체계 전반에 기여할 수 있는 실용적인 관련과목을 중심으로 수행해야 한다.

프로젝트는 반드시 서면으로 작성될 필요는 없지만, 다음 예처럼 근거와 텍스트를 제시할 수 있다.

- 교과 과정 설계
- 프린트 물 혹은 컴퓨터 화면 형태의 교수 자료
- 교수목적 제시 혹은 보강 목적의 교수 영상물
- 가상 통역상황 시나리오, 비판 자료
- 평가 자료
- 법률적 내용, 언어, 용어를 가르치기 위한 교수법

4. 교육 후 과정

일단 교육과정을 시작한 트레이너는 지원 시스템이 필요하다. 대학에서는 통상적 교육과정을 제공하려고 하겠지만, 특수한 요구사항을 충족해야 하는 법률 통번역 트레이너 교육은 이들 대학 입장에서도 익숙하지 않은 분야이다. 신입 트레이너는 소외감을 느낄 수 있고, 경력 트레이너 또한 지속적으로 정보에 접근하고 법률 통번역 업무와 연계되어 있어야 한다. 어떤 직종에서든 연수과정이 직업 전체와 연계성이 없으면 그 직업 전체가 위태로워진다.

따라서 법률 통번역 업무는 참여 교육기관과의 협력 하에 형식적 구조를 단계적으로 마련해 트레이너가 다음 사항에 접근할 수 있도록 해야 한다.

- 특정 과목 혹은 문제 및 학생의 요구를 효과적으로 다루는 방법 등 연수 업무를 논의할 수 있는 친밀하고 정보가 제공된 포럼
- 법률 통번역 발전 사항, 그리고 법률 통번역 용어 및 절차 등 실무내용과 관련된 최신 정보

- 법률·언어 분야 전문지식
- 전문기술 및 전문가 자격 유지를 위해 법률 통번역사로 일할 수 있는 기회
- 스스로 지속적 전문성 개발 및 자기계발을 할 수 있는 수단

제 7 장

윤리·행동규범 및 모범실무 지침

전문직이란 같은 경험을 공유하고 사사로운 이익보다는 고객, 동료, 지식체계의 이익에 부합하도록 윤리규범 및 행동규범에 따라 직무를 수행하는 사람들의 집단으로 정의된다.

신뢰가 요구되는 분야에서 전문직은 탄생한다. 고객은 서비스를 받는 시점에서 스스로 서비스의 질을 판단할 수 없는 위치에 있기 때문이다. 의사가 그 예이다. 마찬가지로 통번역 서비스 고객은 서비스 대상 언어를 구사하지 못하므로 당연히 스스로 서비스 품질을 판단할 수 없다.

직업규범상 의무를 준수하기 위해 전문직은 다음을 정립한다.

- 선발기준
- 초기 및 현직 연수
- 전(全)단계 국가 공인 평가체계
- 모범실무 지침
- 징계절차

상기 항목의 조건은 다음과 같다.

• 투명성
• 국내/국제적 공인
• 일관성
• 대중 및 해당 전문직에 대한 사후책임성

일부 국가에서는 모든 현직 통번역사가 국가공인 전문직에 속하고, 심지어는 배타적인 직함 사용권을 보호받기도 한다. 일부 국가에서는 특정 분야 통번역사만이 해당 권리 및 의무를 갖는다. 법률 통번역 분야도 공인자격 제도를 갖추는 것이 좋다. 그리고 행동규범이 이 제도의 핵심이다.

법률 통번역이 공인자격 직종이 되어야 언어서비스를 받는 모든 고객이 법률 통번역사를 신뢰하고, 기밀유지 및 불편부당성을 기대하며, 신뢰위반 확인 및 해결을 위한 명확하고 전문적인 절차가 있음을 인지할 수 있다.

변호사, 경찰관, 보호관찰관, 교도관 등 법률관련 전문직은 자체적 직업규범, 지침, 징계절차를 이미 마련해 법률시스템의 청렴성과 성실성을 보존·유지·감독하고, 고객 또한 이를 확인할 수 있다. 법률 통번역사의 직업규범 또한 이 같은 공통 목적을 반영하며 적절하고 전문적인 분야간 공조를 지원한다.

지위는 저절로 주어지지 않는다. 지위란 오로지 개별 전문직 종사자가 전문직 전체적으로 합의된 직업규범, 가치 및 기준을 성실히 준수하고 이행할 때에만 획득할 수 있는 것이다.

1. 윤리 및 행동규범

하기 목록은 윤리 및 행동규범의 핵심으로, 법률 통번역사의 실무 지침으로 삼는 것이 좋다. 자세한 내용은 회원국가간 상이할 수 있으며, 이미 마련된 규범은 전문가협회의 문서 혹은 웹사이트를 통해 접근할 수 있어야 한다.

핵심 규범상 법률 통번역사의 의무는 다음과 같다.

① 가감 없이 최대한 진실되고 충실하게 통번역한다. 단, 모든 당사자의 요구, 인지 및 동의가 있을 때만 요약통역을 한다.

연사의 발화 수준을 언제나 존중해야 한다. 즉, 통역사는 명료한 어투, 공식적 어투 혹은 구어적 어투 등 연사의 어투를 그대로 구현해야 한다. 모범실무 지침에 있듯이, 한 당사자가 상대방의 공식 언급을 이해하지 못하는 등 오해가 발생하면 통역사는 이에 개입해 오해 소지가 있음을 공지한 뒤 그 다음 이어지는 보충 설명을 추가 통역할 수 있다.

출발어에 욕설 및 음란어가 포함된 경우 도착어도 같은 의미로 통역해야 한다. 개인적인 반감보다 인터뷰의 정확한 기록이 우선되어야 한다.

요약이 허용되는 비교적 드문 경우도 주의 깊은 태도를 요한다는 점을 유념해야 한다. 통번역사가 판단할 자격이 없는 부분, 가령 어떤 항목을 삽입하고 제외할지에 관한 부분에서도 결정을 내려야 하기 때문에 숙련된 통번역사에게도 요약은 결코 쉬운 일이 아니다. 예를 들어 강변에서 실종된 아이의 조속한 소재 확인을 목적으로 당황한 부모의 경찰 신고 내용을 요약하는 것과 법정에서의 법적 논쟁이나 경찰서에서의 증언을 요약하는 것에는 차이가 있다.

② 자신 있는 통번역 업무만 맡는다.

통번역사는 업무 수락 전 내용을 명확히 확인해야 한다. 자신의 역량으로 수행할 수 있는 업무인지, 만족스러운 준비 혹은 조사를 할 수 있는 시간과 시설이 있는지 최대한 분명히 판단해야 한다.

자신의 능력 밖의 업무는 거절해야 한다.

③ 업무 수행 중 발생할 수 있는 직업적 한계를 밝히고, 해결 조치를 취하거나 업무를 취소한다.

세심한 사전조사 및 준비에도 불구하고 업무수행 중 돌발상황을 예측하기는 어렵다. 한계를 인식하고 인정하는 태도를 용납하지 않는 직업은 없으며, 한계를 인정하지 않는 것보다 인정하는 것이 언제나 낫다.

④ 관계당사자의 동의 없이 수락한 업무를 위임하거나 위임된 업무를 수락하지 않는다.

훌륭한 업무수행을 위해서는 긴급상황을 제외하고 언제나 맡은 업무를 약속대로 이행해야 한다. 긴급상황 발생시 지체 없이 고용주/고객과 접촉해야 한다. 고객이 적절한 대체 통역사를 찾지 못하는 경우 자격 있는 대체 통역사를 추천할 수 있다. 업무계약서 혹은 합의서는 변경사항에 따라 수정해야 한다. 동의 없는 위임 수락은 잘못된 관행이며 법률 및 통번역 관련 당사자 모두를 곤경에 빠뜨릴 수 있다.

⑤ 업무 관련 이해충돌 사실을 밝히고, 관계당사자 요구 시 업무를 취소한다.

하기의 예가 이해충돌에 해당한다.

– 친지 혹은 가까운 이웃 등 고객을 개인적으로 아는 경우. 친지가 관련된 업무 수락은 잘못된 관행으로 알려져 있다. 언어전문가는 해당 언어를 사용하는 지역공동체의 일부 구성원과 최소한의 친분이 있을 것이므로, 개인적 친분 경위를 밝혀 관련 제3자(예: 법원)가 향후 발생 가능한 이해충돌을 평가하고, 모든 당사자가 동의하도록 해야 한다.

– 이전 업무수행을 통해 고객과 친분이 있는 경우. 통역사가 이전의 업무경험을 토대로 현재 업무수행에 부적절한 정보를 비밀리에 접할 수 있다면 필수적인 공정성이 지켜지고 있다고 보기 어렵다. 법률절차 단계의 분리를 의무화(예: 조사 및 재판 단계의 분리)하는 일부 국가의 경우, 같은 통역사가 복수의 단계에서 통역업무를 수행할 수 없다.

– 법률절차에 관여하게 된 기업의 주식을 통역사가 소유하고 있거나, 통역사의 가까운 친지가 해당 기업에 근무하는 경우

– 아동학대, 논쟁적인 국내문제, 인종관련 논쟁 등 격렬한 국민 감정을 불러 일으켜 통역사가 치안상 불안감과 당혹감을 느낄 수 있는 문제들이 있다. 이런 경우 관련 지역 외의 통역사를 고용하거나 통역사를 공식 지명하지 말아야 한다.

⑥ 기밀을 유지한다.

통번역사는 자신의 업무담당 사실을 포함해 업무수행 중 알게 된 모든 정보를 기밀로 간주해야 한다. 그러나 통번역사는 익명성과 기밀성이 엄격하게 지켜진다는 조건 하에, 모든 통번역사가 동일한 규범 준수 의무를 갖는 공인된 전문성 지원 및 연수 체계 내에서 업무 경험을 활용할 수 있다.

⑦ 불편부당성을 유지하고 공정한 모습을 보인다.

법률 통번역사의 역할은 개인적 감정에 상관없이 완전한 불편부당성을 유지하는 것이다. 법률 통번역사는 편파적으로 보이지 않기 위해 엄격한 주의를 기울여야 한다. 통역사는 하기의 사례를 피해야 한다.

- 피고 혹은 기소 측과 과도하게 친밀해 보이는 모습
- 상대방 측에 알리지 않고 한쪽 당사자와 논의에 참여
- 심리 등의 휴식시간에 한쪽 당사자와만 동석
- 언어 사용 여부를 불문하고 자신의 감정 혹은 견해를 표명
- 조언 혹은 의견을 전달

법률 통번역사는 불편부당성 유지가 불가능한 상황에서 직업적 곤경을 선언하고 철수해야 한다.

⑧ 업무 수행 중 습득한 정보를 개인 혹은 타인의 이익을 위해 사용하지 않는다.

⑨ 합의된 수임료 및 부대비용 외의 보상을 거절한다.

법률 통번역사에게 선물로 감사를 표하려는 사람들이 종종 있다. 특히 일부 문화권에서는 예절로 받아들여지기도 한다.

그러나 때로는 선물에 다른 동기가 있을 수 있다. 따라서 통번역사는 모든 형태의 선물이나 보상을 거절해야 한다. 향응 거절이 절대적인 규범으로 알려지면, 거절이 실례라는 인식도 피할 수 있다. 통번역사는 부정부패로 이어질 수 있다고 판단되는 모든 접근사실을 즉각 관련 당국에 보고해야 한다.

⑩ 전문적 기술 및 지식 향상을 위해 노력한다.

언어, 언어 용례 및 법률 절차는 끊임없이 변화하고 발전한다. 법률 통번역사는 새로운 주제, 용어, 전문용어 및 절차라는 끊임없는 도전에 부딪힌다(제5장 참조).

⑪ 직업표준을 유지하고, 합리성·실용성·적절성이 만족될 경우 다른 통번역사와 협조한다.

본 항목은 개별 통번역사가 통번역 직업 전체에 지고 있는 책임을 반영한다.

법률 통번역사는 전반적인 표준유지를 위해 최대한 노력하고, 표준유지에 도움이 된다면 동료를 조력할 의무가 있다.

2. 모범실무 지침

모범실무 지침 제작 목적은 다음을 지원하는 것이다.

- 규범의 실제 이행
- 최적 의사소통 실현
- 전문직간 합의한 협정 적용(예: 언어학자와 법률서비스 전문가간 협정)

모범실무 지침은 규범만큼 의무적이지는 않지만 최대한 준수되어야 한다. 이런 접근방식은 실무에서는 상황에 따라 지침을 준수할 수 없는 경우가 있다는 점을 반영하고 있다. 그러나 가이드라인 위반으로 인해 징계절차가 시작되면 징계위원회는 설명을 요구할 수 있다.

각국은 다음의 법률서비스와 관련한 모범실무 지침을 마련해 언제든 이용 가능하도록 해야 한다.

• 경찰
• 형사·민사 법원 및 법정
• 교도소
• 이민국
• 간접 세무국

(국가적 법률시스템에 속한 사무국 및 기관 명단은 국가별로 상이하다.)

1) 업무수락 전 업무평가(규범 ②)

업무 제의를 받은 통번역사는 다음을 체크한 뒤 수행역량 및 수락 가능성을 판단해야 한다.

• 언어 및 방언 일치성: 고객과 법률 통번역사의 주 언어가 일치하는지, 스코틀랜드 영어 등 방언과 같은 지역방언을 고려해야 하는지를 확인해야 한다. 전화통화를 통한 확인이 필수적이고 상황에 따라 통역사는 관련 당사자와의 통화를 통해 확인할 수 있다.

• 업무수행 가능성: 업무일, 시간, 길이 및 장소:
 – 번역사는 번역 완성 본 전달 기일까지 번역을 적절한 수준으로 완료할 수 있음을 확인해야 한다.
 – 통역사는 실질적인 이동시간 및 준비시간을 고려해야 한다.

• 주제: 사기, 화물자동차 브레이크 결함, 폭행, 아동학대 등 특정주제에는 특정용어가 사용된다. 통번역사는 이런 용어에 정통한지, 그렇지 않다면 허용기간 내에 필요한 조사를 수행할 수 있는지

확인해야 한다. 번역사는 번역물의 복잡성과 전문성을 평가할 수 있다.

- 절차: 절차는 업무수행 장소에 따라 달라진다. 통번역사는 검시재판소, 산업재판소, 소년법원, 형사법원, 이민항소법원, 교도소 및 경찰소 인터뷰에 마련된 고유한 절차와 과정을 이해해야 한다.

- 이해충돌의 부재(**규범** ⑤): 통번역사는 고객 명칭과 주제를 통해 다음을 확인할 수 있다.
  - 이해충돌을 낳을 만큼 피고 혹은 증인과 관련 있거나 아는 사이가 아님, 그리고
  - 형사사건에서 수사 및 재판단계의 분리를 준수해야 하는 상황에서 이해충돌 발생 소지가 있는 과거 또는 현재의 주제에 대해 통역 또는 번역하지 않았음.

- 강간 혹은 아동학대 등 통역사의 성별이 문제되는 경우인지 확인한다.

2) 업무수락

법률 통번역사는 업무 수락 시 다음을 포함한 체크리스트를 작성하여 활용하고 기록함이 바람직하다.

- 업무 제안자의 이름 및 상세정보를 확인한다.
- 고객/사건명 및 등록번호를 확인한다.
- 계약서 혹은 합의서를 작성하고 확인한다. (제8장 참고)

- 보안상 요구사항 혹은 절차를 정확히 이해하고 확인한다.
- 번역사는 요구되는 번역본 형식, 번역본 전달 방법(이메일, 팩스, 번역원본 등), 필요한 감수 혹은 점검 절차를 확인한다.
- 번역사는 기능적 비등가성 등 문제 접근방식(각주활용 혹은 본문 내에 도착어로 설명 등)을 명확히 결정하고 확인한다.
- 법률서비스 담당자가 원한다면 용어 및 절차 등에 관한 브리핑을 준비하고 확인한다.
- 업무수행 중 원활한 통역을 위해 필요한 절차를 준비하고 확인한다.

3) 통역업무 수행 장소에 도착해서 할 일

통역사는 다음의 의무를 지닌다.

- 시간을 엄수하고 통역 시작시간보다 미리 도착해 준비를 완료하고 막바지 정보를 입수한다. 돌발상황으로 인한 지연 시 즉시 법률담당 고객에게 알린다.

- 복장규정을 준수한다. 남성통역사는 복장규정이 정장인 국가의 법원심리 및 인터뷰에 정장차림으로 참석하는 등 정해진 규정에 따른다. 교통사고가 발생한 도로 현장에서의 통역은 복장규정과 관계 없다.

- 명찰을 지참한다. 일부 국가에서는 앞면에 통역사라는 큰 글씨와 사진, 뒷면에 이름과 등록번호를 적은 통역사용 명찰을 배부한다. 명찰은 보안기능 외에도 통역사 식별 기능을 담당해, 통역사는 법정 건너편에서나 사고 후 혼란 속에서도 눈에 띌 수 있다.

• 임명장과 명찰을 제시해 담당자에게 즉각 보고한다.

• 마이크 및 좌석 배치 등 필수 준비사항을 점검해 통역사와 연사 상호 식별과 청취가 가능하게 한다.

4) 통역임무 시작 전 법률서비스 담당자(들)의 입회 하에 할 일

• 미리 확인하지 못한 경우, 일반적인 주제에 관해 고객과 짧은 대화를 나누는 동안 언어/방언 일치 여부를 확인해 충분한 상호이해를 확보한다. 필요한 경우 법률서비스 담당자와 고객의 대화를 시험 삼아 통역해볼 수 있다.

• 모든 당사자에게 모든 발화내용이 통역되며(**규범** ①), 통역 제외 대상은 임무수행 중 공지해 주어야 하며, 통역사는 비밀을 유지하고 공정하게 행동할 것(**규범** ⑥, ⑦)임을 알린다.

• 관계당사자가 통역 과정을 이해하여 협조할 수 있도록 최대한 확인한다. 협조사항은 다음과 같다.
  – 직설화법 사용
  – 의견을 명확하고 모호하지 않게 표현
  – 순차통역을 위해 적절 순간에 발화를 잠시 휴지
  – 동시통역사의 속도유지를 위해 배려
  – 통역사의 개입에 적절히 대응
  – 단독 통역사에게 적어도 매시간 휴식시간 제공

• 모든 관계당사자의 이름, 철자, 발음을 확인한다.

5) 통역업무수행 중

• 모든 내용을 통역하되, 모든 당사자의 동의 하에만 요약한다(**규범** ①).

• 요구에 따라 순차 혹은 동시통역 기술을 사용한다.

• 하기의 이유로 필요한 경우 개입해 양쪽 언어로 모든 당사자에게 개입사유를 알린다.
  - 올바른 통역을 위해 발화내용의 의미를 명확히 함
  - 정확한 통역에도 불구하고 한쪽 당사자가 발화내용을 오해할 소지가 있음을 상대방 측에 알림
  - 문화적 맥락을 이해 못하고 넘어갈 가능성이 있는 경우 모든 당사자에게 알리고 발화자에게 설명을 요청함. 즉, 문화적 관점의 차이 때문에 한쪽에서 상대방이 전통, 관습 등 배경지식을 알고 있으리라고 잘못 가정해 의사소통에 차질이 발생하는 경우.
  - 발화자가 너무 빨리, 조용하게 또는 오래 이야기하거나, 통역과정에 방해가 될 정도로 느리게 또는 공격적으로 말하는 경우 협조를 요청함.

• 통역사는 모든 보충설명을 통역하되 자신의 조언이나 의견을 제시해서는 안 된다. 이를 통해 통역사가 일방만 이해할 수 있는 언어로 임의적으로 대화하는 상황을 피할 수 있고 통역사의 불편부

당성을 지킬 수 있다(**규범 ⑦**).

- 통역사는 언어의 범주를 뛰어넘는 질문에 대해 자신의 역할을 명확히 밝혀야 한다. 통역사는 설명자격이 있는 정식 전문가 증인 *expert witness*이 되어야 질문에 응할 수 있다.

- 통역사는 어떤 관계당사자와도 휴식시간을 함께 보낼 수 없다. 예를 들어 업무수행 중 변호사나 증인과 점심 혹은 커피를 함께 해선 안 된다.

6) 업무 마무리

- 적절한 통역대상자인 법률서비스 담당자의 사건결론 요약만을 통역하고, 고객이 다음 절차 및 절차 이행 방법을 충분히 이해하도록 한다.
- 보석 신청서, 변호사와의 약속 날짜, 시간, 장소 등 서면 지시서의 번역업무가 포함될 수 있다.
- 통번역료 결제에 필요한 모든 양식을 준비한다.
- 반출 불가능한 노트 혹은 문서를 파쇄 혹은 반납한다.

7) 업무완료 후(규범 ⑩)

- 업무 진행을 반성하고 교훈을 얻는다. 만족스럽게 진행된 일을 돌아보고 원인을 찾아내 나중에도 같은 접근방식을 활용한다. 어떤 개인 혹은 상황도 완벽할 수는 없으므로 만족스럽지 않았던 일의 원인을 밝혀 다음 번에는 피할 수 있도록 한다.

- 적절하고 신뢰할 수 있는 출처로부터 조언을 얻은 후, 필요하다면 적절한 방법을 통해 하기 항목 등의 개선 조치를 취한다.
  – 개선 여지가 있는 용어의 뉘앙스 처리
  – 통번역 진행을 방해했던 절차

- 경력서술 및 세금계산에 필요한 기록을 작성하고 안전하게 보관한다.

- 기밀유지 의무가 없는 관련 자료를 기록해 향후 필요시 사용할 수 있도록 편철해 둔다. 개인적인 전문자료 축적은 신속한 정보 검색과 동료의 정보 이용에 귀중한 도구로, 다음을 포함한다.
  – 용어(예: 자동차 부품의 출발어, 도착어 표현)
  – 법률 어구 및 개념 사전
  – 지도(예: 법원과 경찰서 장소)
  – 절차(예: 검시재판소 혹은 고용법원 절차)
  – 유용한 웹사이트 주소

- 업무로 인한 스트레스나 불안이 컸다면 지원을 요청한다. 아동학대, 강간, 도로 혹은 항공 교통사고 결과 등을 다룬 언어전문가는 개인적 감정에서 벗어나기 어렵다. 법률서비스 종사자와 마찬가지로, 업무수행 시 모든 역량을 직접당사자의 필요 충족에 집중해야 하는 통번역사는 개인적 감정에 휩싸여서는 안 된다. 과거 사례를 보면 통번역사는 자신이 필요하다고 생각할 때 전문가를 찾아야 한다. 일부 국가에서 언어전문가는 경찰이나 구조서비스 기관 등에 마련된 외상 후 상담서비스를 이용할 수 있다.

3. 품질보증

품질보증의 목적은 다음과 같다.

- 직업표준 및 법률시스템의 청렴성 유지
- 언어학자 또는 언어학자와 협력한 법률서비스 담당자의 통번역 업무 중 발생할 수 있었던 실수를 확인
- 최선의 노력에도 불구하고 발생할 수 있는 실수를 최대한 빨리 발견하고 수정해 통번역사 및 관계자에게 전문적 지원을 제공
- 올바른 실전업무를 위한 프레임워크 제공
- 모든 언어그룹 내의 고객을 안심시킴

일부 품질보증 방법은 상호의존적으로 이행 가능하며, 일부는 관련된 모든 전문직종 종사자가 필수적으로 이행해야 한다. 중요한 것은 유능하고 필수 전문지식을 지닌 직종 내 고위 인사가 품질보증을 담당해야 한다는 것이다.

품질보증 방법은 다음을 포함한다.

1) 규범 및 모범실무 지침

법률 통번역사는 규범 및 모범실무 지침 준수함으로써 품질을 보증한다.

2) 통역된 인터뷰 및 심리 녹음

일부 국가에서 경찰인터뷰 및 법원 심리는 통역여부에 관계없이 음성 녹음된다. 수화통역사 참석 시 해당 상황은 영상 녹화된다.

기소 및 피고측은 녹음된 경찰인터뷰 사본을 가질 수 있으며, 공개법정에서 이를 제시하게 될 수 있다. 언어전문가는 통역의 정확성에 대해 의견을 제시할 목적으로 증인으로 출석 요청을 받을 수 있다.

법률심리가 녹음된 경우에도 통역 정확성을 따지기 위한 조사대상이 될 수 있다.

3) 번역

번역본은 품질보증을 위해 당연히 언제든지 이용 가능하다. 번역된 주요 텍스트를 감수 및 교차점검하면 제2선의 품질보증이 가능하며, 담당 번역사도 기꺼이 수락한다.

4) 법률서비스 기관 내의 기술

법률 통번역사와 함께 일하는 인력이 필요한 협조를 제공하지 않으면 법률 통번역의 질적 수준이 낮아질 수 있다. 법률서비스 전문가가 통번역사와의 공동 업무에 익숙하지 않거나 능숙하지 않은 경우 어려움이 발생할 수 있다. 적절한 방법을 통해 담당자의 인식을 제고하면 만족스러운 교육과정을 제공해 문제 재발을 방지할 수 있다. 발생 가능한 문제는 다음과 같다.

- 통번역사에게 충분히 브리핑하지 않음
- 짧은 기한에 번역을 요구함
- 통역작업 협조를 요구하는 통역사의 요청을 충분히 고려하지 않음(예: 계속해서 너무 빠르게, 조용하게 혹은 불분명하게 이야기하거나 문화적 의미 차이에 적절히 대응하지 않음)
- 모호한 언어 사용 및 구어 혹은 문어의 명확성이 결여됨

상기의 문제에 대해 법률서비스 담당자의 관심을 환기시키는 역할은 통번역사가 담당할 수 있지만, 스스로 제시한 모범관행에 맞게 문제해결을 모색하는 것은 법률서비스 담당자의 책무이다. 각 법률서비스 기관마다 중개인을 임명하여 통번역사와 기관을 중재하게 하는 것이 바람직하다.

5) 절차 및 진행

행정적, 기술적 혹은 절차적 분야의 표준이 없는 경우도 법률 통번역의 질적 수준을 저하시킬 수 있다. 이 문제가 해결되지 않으면 문제 재발 가능성이 높다. 작업에 필요한 과학기술이 비효율적이거나 통역사를 잘못된 명칭 혹은 방언으로 부르는 것이 해당된다.

4. 통번역사 징계절차

전문직종은 행동규범을 스스로 규율하고 징계절차를 통해 위반 사례에 대처한다.

징계절차는 부정부패 혐의 등 법률시스템에서 다뤄지는 형사 혹은 민사문제와 별개이지만, 법률시스템에서 유죄판결을 받은 통역사는 직업상 징계절차에 회부될 수도 있다. 예를 들어 다른 전문직인 의사의 경우 형사법원에서 과실치사 유죄판결을 받으면 의료계 징계 심리에 회부된다.

전문직간 협정도 징계절차와 관련 있다. 예를 들어 판사는 통번역사에게 특정 행동을 하거나 하지 말 것을 요청할 수 있고, 특정 주제에 관해 통번역사를 고용하지 않을 권리 및/또는 통번역사의 직업규범 위반 혐의에 대해 통번역사 협회에 통지할 권리가 있다. 마찬가지로 통번역사도 역량 이상의 업무를 맡지 않는 등 직업규범에 위배되는 행동을 거절할 권리가 있다.

법률 통번역사의 직업 징계절차는 국가별로 다르다. 핵심요소는 다음과 같다.

1) 법률 통번역사 징계 주체

통번역이 전문직으로서 기능하기 위해서는(이 장 도입부의 전문직종 정의 참고) 통번역 전문가협회 및 등록기관이 통번역사에 대한 징계절차의 일차적인 담당자가 되어야 한다.

법률서비스 담당자는 개별 통번역사를 고용하지 않기로 결정할 수는 있지만, 법률 통번역사가 변호사나 경찰관에게 징계를 내릴 수 없는 것과 마찬가지로 법률서비스 담당자도 법률 통번역사를 징계할 수 없다.

그러나 가능한 경우, 일반적인 전문직간 직업협정 상 한쪽 분야에서 다른 분야 인사를 초청해 해당 전문직 종사자의 업무수행을 관찰하도록 할 수 있다.

의사나 변호사 등 전문직종은 전통적으로 단독책임하에 해당 전문인력 징계를 담당해왔다. 그러나 최근 사례와 입법으로 인해 징계절차에 독립적인 제3자의 개입을 의무화할 수 있는 쪽으로 변화가 일어나고 있다. 극단적인 경우 직업 징계위원회에 의해 개별 전문인력의 업무수행 권리 자체가 박탈당할 수도 있다는 점을 고려해 볼 때, 인권 관련 법을 통해 본질적인 변화가 추가적으로 생길 수 있다.

2) 징계절차 진행 방식

사소한 문제는 통번역사와 직접 대화를 통해 해결할 수 있다. 실수 없는 사람은 없으며, 적절한 방식으로 실수를 지적하고 짧은 대화를 통해 미래 업무수행을 개선할 수 있다.

문제가 심각한 경우에는 다음을 고려할 수 있다.

- 불만 제기자가 전문가협회에 서면 증거를 제시한다. 단, 협회 혹은 등록기관 구성원과의 접촉을 통해서만 불만을 제기할 수 있다. 법률 통번역사가 규범 및 모범실무 지침을 위반했다고 여겨지는 날로부터 정해진 기간 내에 불만을 제기해야 한다. 통역서비스를 받은 쪽 모두 불만을 제기할 수 있다. 그러나 법률서비스 담당자가 불만을 제기하는 겨우, 재판심리 담당 판사 등 적절한 자만이 불만제기 자격이 있다.

- 불만은 가능한 경우 증거와 함께 상세하게 작성한다.

3) 접근방식

하기 원리를 바탕으로 불만을 처리한다.

- 불만사례를 공정하고 객관적이며 공개적으로 처리한다.
- 가능한 한 빠른 시일에 불만을 해결한다.
- 모든 불만사례를 서면 기록한다.
- 불만 대상 개인은 불만의 본질이 무엇인지에 관한 통지 및 불만서 사본을 받는다.
- 언어 관련 불만이 제기된 경우, 인정 받은 언어전문가로부터 조언을 구한다.

4) 불만처리 구조

- 통번역사는 징계위원회로부터 서면 불만사례를 통지받고, 위원회는 사례를 상세히 조사하는 동시에 해당 통번역사에게 항변권을 제공한다. 통상 통번역사가 항변하지 않는다고 해서 불만사례를 더 이상 다루지 않는다는 의미는 아니다.

- 통번역사의 항변은 적절한 경우 전문가협회의 의견을 덧붙여 불만제기자에게 다시 전달되어 추가 의견을 듣는다.

- 불만제기자가 만족할 만한 수준으로 문제가 해결되었다고 느낄 경우 사례는 종결된다. 그렇지 않은 경우 징계절차가 가동된다.

5) 징계위원회

• 통상 징계위원회는 구성 위원은 다음과 같다.
  - 전문가협회의 고위급 임원 1인
  - 연륜 있는 현직 법률 통번역사 2인
  - 법률서비스 분야 대표 1인

• 징계항소위원회는 더욱 고위급의 징계위원회 위원이 아닌 자로 구성된다. 통상 구성 위원은 다음과 같다.
  - 전문가협회 의장 혹은 최고위급 임원 1인
  - 고위급 현직 통번역사 2인
  - 관련 외부 단체의 적절한 고위급 위원 1인

필요한 경우 전문가의 조언을 요청할 수 있다.

6) 징계절차

• 불만사례가 아래 징계절차에 들어갈 때 불만제기자 및 기타 관련 당사자의 진술을 구해야 하고, 개연성 비교형량 결과 통번역사의 잘못일 가능성이 있을 때만 처벌한다.

• 징계위원회는 문서, 관계당사자의 설명, 혹은 둘 다를 참고할 수 있다.

규범 위반 혐의가 입증되면 위원회는 하기 조치 중 하나를 결정할 수 있다.

- 경고: 부적절한 복장 혹은 지각 등 사소한 부적절행위에 대해서는 서면 경고를 통해 향후 행동에 관한 조언 및 가이드라인을 제공한다.

- 추가조사 중 자격정지: 수 차례 경고 후에도 개선되지 않거나 규범의 주요내용 위반 혐의가 있는 등 특정한 경우, 통번역사는 조사가 마무리될 때까지 자격을 정지당한다.

- 강등: 위반 상황이 심각하고 개연성 비교형량 결과 위반 사실이 입증되었으나 자격정지 혹은 제명 대상에 속하지 않는 경우, 통번역사 자격에 등급이 있다면 통번역사는 경고 및 강등조치를 받는다. 공인된 현직 트레이닝이나 적정 시험을 거친 후에야 복권 대상으로 고려될 수 있다.

- 특정기간 동안 자격정지: 규범 위반이 심각한 우려사항에 속하지만, 심각성을 상쇄할 수 있는 상황 덕분에 제명은 면할 수 있는 경우 특정기간 동안 자격이 정지된다. 주요 위반사실이 처음인 경우, 판단력 상실이 드물게 있었던 경우, 권한 없이 임무 위임한 경우 등이 해당된다.

- 제명: 중대한 규범 위반이 확인될 경우 제명 절차를 밟는다. 중대한 규범 위반에는 약물 혹은 알콜로 인한 신체기능 상실, 간통, 폭력, 위협 혹은 저속행위 등 전문직 명예를 실추시킬 수 있는 비전문적 행동, 중대한 정확성 결여 등 통번역사의 무능력함에 대한 증거 있는 주장, 용인 불가능한 손실, 피해 혹은 손상을 야기한 근무태만 등이 있다.

7) 항 소

징계위원회의 판결 후 새로운 물질적 증거가 드러난 경우 판결을 안 지 28일 내에 항소할 수 있다.

5. 결 론

행동규범 및 모범실무 지침은 전문직의 틀을 마련해준다. 전문직 징계절차는 행동규범 및 모범실무 지침 준수를 확인하고 필요한 경우 집행한다. 일반적으로 법률 통번역사가 규범 및 가이드라인 교육을 잘 받은 경우 징계절차 발동 빈도는 낮아지며, 이는 징계절차가 관련자 모두에게 유쾌한 경험이 아니라는 점을 고려해 볼 때 환영할 만한 결과이다.

규범 및 가이드라인 제정 목적은 법률시스템에 존재하는 기타 규범 및 가이드라인을 보충하고 연계성을 갖는 것이다. 현직 통번역사가 다른 분야의 규범 및 가이드라인을 알아놓으면 유용하다.

법률 통번역사는 여러 전문분야를 아우르는 법률 팀에 비교적 최근 합류했기 때문에 법률 통번역의 규범 및 가이드라인을 가능한 한 널리 공표하는 것이 좋다. 또한 다른 언어 사용자를 위해 법률 통번역 규범 요약본을 양쪽 언어로 준비해 두는 것이 좋을 것이다.

제 8 장

전문적 업무수행을 위한 조치

법률 통번역의 품질은 통번역사의 언어능력과 개인적 역량, 해당 업무수행 시 윤리 행동규범 준수여부에 의해 좌우된다. 하지만 이에 더해 일반적 작업조건과 해당 통번역에 관련된 제반 사항들, 예를 들면 고객이 적합하고 역량 있는 통번역사를 구할 수 있는지, 통번역사에게 최적의 서비스환경을 제공할 수 있는지의 여부도 중요하다.

통번역사에게 있어 전문적인 서비스환경은 고품질의 통번역을 생산해내고 개인 신변 안전을 보장해 주며 동기를 부여하는 중요한 요인이기 때문이다.

또한 만족스러운 작업환경을 제공함으로써 법률분야 내 고품질 서비스를 제공할 수 있는 통번역사 인력풀을 보유할 수 있게 되고, 이 인력풀 내에서 형성되는 통번역 기술은 결국 법률분야 전체 통번역 서비스 수요자들에게 매력적으로 느껴질 것이다. 즉, 역량 있는 통번역사들이 법률분야에서 활동하며 지속적으로 직업만족도가 높아진다면 이는 곧 전문성 제고로 연결되고, 결과적으로 해당 분야에 속한 모든 이해관계자들에게 도움이 될 것이다.

1. 등 록

이해관계자에게 고른 혜택을 제공할 수 있도록 자질 있는 법률 통번역사들을 위한 공식 등록절차를 마련할 것을 적극 권고한다. 이러한 절차를 통해 고객은 그들의 요구를 최대한 충족시킬 수 있는 통번역사를 구할 수 있고, 통번역사는 자신의 특정 전문분야 및 거주지를 고려해 최적의 통번역 업무를 선별할 수 있게 된다.

- 충분한 검토과정을 거쳐 정기적으로 업데이트되는 법률 통번역사 국가 등록부*National Register*를 신설하게 되면, 법률 통번역 서비스 수요가 발생할 때마다 시간낭비 없이 인적자원을 구할 수 있는 최적의 도구가 될 수 있다. 이러한 제도의 잠재적 효율성을 잘 보여주는 예가 바로 영국의 '공공 서비스 통역사 국가 등록 시스템*National Register of Public Service Interpreters*'이다. 국가 등록부는 자질 있는 통번역사의 기본적인 개인정보뿐 아니라 그들의 거주지 및 구체적인 전문분야에 관한 정보로 구성되어 있다.

- 더 나아가 이렇게 형성된 국가 등록부를 유럽 네트워크에 연계시키면, 희귀어에 대한 법률 통번역 서비스 수요가 발생할 때에도 도움이 될 수 있다.

- 등록제도를 의무화할 것을 권장한다. 즉 국가 등록부에 등록되지 않은 통번역사는 경찰 및 법률관련 업무를 맡을 수 없으며, 마찬가지로 경찰 및 법조계는 국가 등록부에 등재된 통번역사만을 고용할 수 있도록 한다.

1) 등록허가

국가 등록부 등재를 위해 평가시험을 치를 것이 강력히 권장된다. 평가시험은 등재된 통번역사의 해당 언어실력과 정확한 통번역 기술을 검증하고, 해당 언어의 문화뿐만 아니라 법률 시스템 및 절차에 대한 친숙도를 가늠할 수 있다. 또한 통번역사로 하여금 전문적인 지침과 행동규범을 숙지하도록 유도하는 역할을 한다.

등록을 관리하는 조직이 꼭 평가시험을 실시해야 하는 것은 아니다. 외부 훈련기관이나 필요에 따라 중앙 정부 시험 기구가 관장할 수도 있다.

국가 등록부의 등록허가는 다음 두 가지 과정을 통해 이루어질 수 있다.

- 법률 통번역사가 평가시험을 통과했거나 공인기관이 시험결과를 승인했을 경우 자동 등록

- 통번역사가 시험을 통과한 후, 그 입증서류와 함께 등록을 신청했을 경우

상기 두 경우 모두, 국가 등록부에 등재된 통번역사는 행동규범을 준수해야 하며 그렇지 않은 경우 징계의 대상이 된다(제7장 참조).

등록절차가 완료되는 즉시 다음의 후속절차를 권장한다.

• 법률 통번역사 입증을 위해 이름, 사진, 등록번호, 서비스 언어가 기재되어 있는 ID카드를 발급한다. 이 카드를 통해 모든 지원시스템을 이용할 수 있다(아래 참조). 또한 ID 카드는 통번역사에게 발생하는 변화(예: 서비스 언어 추가)를 반영하며 관련 요구조건을 준수하고 있음을 증명하기 위해 정기적으로 재발급해야 하고, 통번역사가 전문직 기준(제7장 참조)을 위반하거나 사직의사를 밝혔을 경우 반납해야 한다.

• 번역사는 경우에 따라 자신의 이름과 등록번호에 공식 소인을 받아야 하며, 일부 국가에서는 공식적인 법률문서 번역에 사용되는 특별용지를 구입하기 위한 허가증을 발부 받아야 한다.

법률 통번역의 고유한 특성을 감안할 때, 오직 전과가 없는 통번역사만 등록부에 등재할 것이 강력히 권장된다.

등록이 허가된 통번역사에게는 일단 등록부에 이름이 올라가면 합당한 이유를 제외하고는 언제든지 통번역 서비스 요청에 응해야 함을 알린다. 합당한 이유라 함은 다음의 경우를 가리킨다.

• 질병 및 기타 신체장애
• 다른 통번역 업무와 중첩될 때
• 요청 받은 업무가 자신의 역량을 벗어날 때
• 해당 업무나 관련자에 대해 편향 소지가 있을 때
• 피치 못할 개인적인 이유

2) 구조 및 내용

등재된 법률 통번역사는 의료, 학교, 사회복지 기관과 같은 기타 특정 분야에서도 활동할 수 있다. 따라서 이 등록부는 공공 서비스 전체를 위한 통번역사 국가 등록부의 역할을 하게 될 것이다.

그러므로 각 분야의 특성에 맞춰 차별화된 형식으로 등록부를 구성하게 되면 해당 분야 고객이 보다 용이하게, 특화되고 전문성 있는 통번역사를 구하는데 도움이 될 수 있다. 또 다른 방법으로는 모든 통번역사의 이름을 알파벳 순으로 정렬하고 그들의 자질과 특화된 서비스 분야를 병기하는 것을 생각해 볼 수 있다. 보다 바람직한 데이터베이스는 이 두 가지 방식을 모두 제공하는 것이다.

국가 등록부는 고객에게 통번역사의 정확한 자격요건을 알려줄 수 있도록 충분한 정보를 담고 있어야 한다.

이를 위해 등록부에는 통번역사의 다음 정보가 기재되어야 한다.

- 이름 및 주소
- 성별
- 전화 및 팩스 번호, 이메일 주소
- 서비스 언어 조합
- 교육 및 훈련 이력
- 특별 자격증
- 경력: 수행 업무, 추천인, 서비스
- 통역 서비스가 불가능한 분야(예: 아동학대, 성범죄)

• 기타 필요사항(예: 야간근무 가능여부)

보안을 위해 완전한 주소 대신 우편번호만 기재하는 방식을 고려해 볼 수 있다.

고도로 전문화된 서비스를 제공할 수 있는 통번역사와 상대적으로 일반적인 통번역 서비스만이 가능한 인력을 구별하기 위해, 자격요건 및 경력에 따라 통번역사들을 등급화하는 방법도 있다. 하지만 등록부가 어떤 방식으로 구성되더라도 가장 중요한 점은 고객의 요구에 최적화된 통번역사를 제공하기 위해 그들의 자격요건과 경력사항이 명확하게 드러나야 한다는 점이다.

또한 등록부는 정기적으로 갱신되어야 한다.

3) 관리

등록부의 관리 및 갱신은 해당 국가의 조직(국가 또는 민간 조직)이 담당해야 한다. 이 조직은 법률 서비스 및 언어 전문가와의 협의를 통해 통번역사 등록을 관장하는 관리 규정과 조건을 마련할 임무를 맡는다.

4) 등록부 제공 형태

등록부는 다음과 같은 형태로 제공할 수 있다.

- 교체가 가능한 바인더 형태의 파일
- CD-ROM 내 데이터베이스
- 웹 사이트 내 데이터베이스

이러한 형태로 등록부가 제공될 경우 규칙적인 갱신이 가능하고, 법률 통번역 서비스 수요자들이 쉽게 이용할 수 있다. 또한 지역 내 모든 서비스 분야도 등록부를 이용할 수 있어야 한다.

5) 등록부 이용

원칙적으로 등록부는 법조계의 모든 분야에서 무료로 이용하도록 하는 것이 바람직하다.

그러나 경우에 따라 비용이 발생하고 이에 따라 요금을 부과해야 하는 상황이 생길 수도 있으므로, 하기 사항을 제안한다.

- 국가가 전 비용을 충당하고 법조계의 모든 이가 무료로 사용할 수 있도록 한다.

- 등록부가 국가로부터 독립적으로 운영되면서도 무료로 제공되어야 할 때는, 독립조직이 등록부 관리를 맡고, 책임 있고 투명한 등록부 운영을 조건으로 국가가 비용을 충당한다.

만일 국가가 개입하지 않고 민간단체에 의해 등록부가 운영된다면, 다음을 고려해 볼 수 있다.

• 법원, 경찰 및 기타 공공당국에 무료로 제공하거나 연회비를 받는다.

• 책임 있는 단체, 기업, 변호사, 공증인, 집행관 또는 통번역 서비스에 대한 규칙적인 수요를 가진 관계자들에게 회비를 부과한다.

• 전체 회비 부담을 원치 않는 개인이나 조직, 기업들에게는 이용료가 부과되는 전화 서비스를 제공한다.

경찰과 법조계는 적합한 통번역사를 구할 수 없는 경우를 제외하고는 반드시 등록부에 등재된 통번역사의 서비스를 이용할 것을 의무화하도록 한다. 등록부로부터 원하는 통번역사를 찾을 수 없을 때에는 가능한 모든 경로를 통해 선별할 수 있으나 이 때 최대한의 신원보증 절차를 거쳐야 한다.

전화, 이메일, 팩스 또는 서신을 통해 최대한 신속하게 통번역사와 연결될 수 있어야 하며, 그들은 해당 업무에 관해 최대한의 정보를 제공받을 수 있어야 한다(제9장 참조).

2. 합의서*Letters of Agreement*

통번역 업무에 대한 계약조건은 고객과 통번역사 모두에게 분명해야 한다.

업무와 관련하여 다음과 같은 기본적인 사항에 대해 공식적인 합의서를 작성할 것을 권장한다.

- 업무 관련 세부사항
  - 날짜, 시간, 장소, 예상소요시간
  - 사용언어, 방언, 기술적 용어, 특별용어 등
  - 업무 특정사항: 피고, 나이, 사건의 종류 등

- 거래조건

- 서비스 요율, 교통비, 기타 제반 비용

흔히 발생 가능한 상황의 예로는 통역사가 상당기간 재판관련 업무에 참여해 오다가 막바지에 재판이 취소되어 통역비를 받지 못하는 경우를 꼽을 수 있다. 따라서 취소상황이 발생할 경우 취해져야 하는 조치를 사전에 미리 결정하여 오해 및 악감정 발생의 소지를 예방하도록 한다.

합의서는 전문직 행동규범과 함께 통번역사에게 전달한다. 또는 통번역사 등록허가가 발생하는 시점에 받은 규범집에 의거해 해당 사항이 적용됨을 통번역사에게 재차 상기시킨다.

통번역사는 합의서에 서명을 한 뒤 고객에게 회송함으로써 해당 업무의 수행가능 여부와 상호 합의한 계약조건에 동의한다는 의사표시를 해야 한다.

물론 공식적인 합의서가 항상 요구되는 것은 아니지만, 통역사와 고객이 본격적으로 업무에 착수하기 전에 기본적인 거래조건에 관해 최소한의 합의를 보는 것이 바람직하다. 이에 대한 대안으로는 모든 이해관계자들에게 적용되는 일반적 거래조건을 마련함으로써 업무 때마다 반복되는 양측간의 논의 과정을 줄이고, 더 나아가 모든 통번역사에게 동등한 계약조건을 제공해줄 수 있도록 하는 것이다.

3. 배상책임보험

법률 통번역사는 전문인 배상책임보험에 가입해야 한다.

법률 당국은 업무수행 과정에서 통번역사에게 발생할 수 있는 사고 및 신체적 위험에 대한 배상책임을 질 것을 권장한다. 마찬가지로 통번역사도 신변안전을 위해 사고보험에 가입해 두는 것이 좋다.

4. 보 안

법률 당국은 통번역사 사생활 침해를 예방하기 위해 최선의 방법을 강구해야 한다.

- 통번역사의 주소 및 전화번호가 관련당국 외부로 노출되어서는 안 된다.
- 심문을 받을 인물과 통역사 단 둘만 있게 해서는 안 된다.

5. 지 원

일반적으로 통번역사에게 필요한 지원 내용은 업무 개시 전일 경우 무엇보다 해당 업무에 관한 사실정보 및 사용용어에 대한 정보이며, 업무 종료 후에는 결과에 관한 피드백 또는 면담이다. 따라서 이러한 측면과 관련해 적절한 지원 시스템을 구축할 것을 권장한다.

즉 법률 통번역사는 아래의 서비스를 이용할 수 있어야 한다.

- 용어 및 사실정보를 얻을 수 있는 정보출처
  - 도서관
  - 법률 용어와 법조문을 검색해 볼 수 있는 단일어 및 다국어 데이터베이스
  - 문서제공 서비스
  - 인트라넷 서비스
  - 법조계 및 여타 공공조직에서 사용하는 특별 정보를 제공할 수 있는 기타 서비스

- 피드백과 멘토링
  - 통번역 결과에 대한 취약점과 기술 제고방안 논의
  - 통번역 기술 제고를 위해 조언을 구할 수 있는 인물 소개
  - 특정분야에 경험 있는 통번역사 소개

- 심리적·정신적 지원

  특정 사건(예: 치명적 사고, 테러, 아동학대, 성범죄)이 야기하는 스트레스 및 심리적 요인은 통역사에게, 그리고 경우에 따라서는

번역사에게도 심각한 영향을 미칠 수 있으므로, 필요에 따라 통번역사들이 도움을 구할 수 있는 장치를 마련하는 것이 바람직하다(제7장 참조). 따라서 외상 후 스트레스로 고통 받는 법률 통역사가 경찰 및 병원이 갖추고 있는 상담서비스를 받을 수 있도록 공식적인 프레임워크를 구축할 것을 권장한다.

6. 신원조회

국가 등록부 등재허가 전, 법률 통번역사의 전과기록을 확인해야 한다. 안보사건(예: 테러) 또는 민감한 사안(예: 조직범죄)과 같이 세심한 주의를 요하는 경우에는 보다 철저한 신원조회가 요구된다.

7. 법적 지위

법률 통번역사의 법적 지위를 보장하고 지위, 의무, 권리를 법률로 규정할 것을 권고한다.

제 9 장

법률서비스 분야간 상호 협조 체계

1. 법률 서비스 분야간 상호 협조 체계/*Interdisciplinary Conventions with the Legal Services*가 중요한 이유

사법적 결정의 품질은 그 결정을 도출해내는 기반 정보의 품질에 의해 좌우된다. 그리고 이 정보의 품질은 의사소통에 달려있다고 해도 과언이 아니다. 그러나 여러 언어가 공존하는 유럽에서는 법률 통번역사 관련 조항만으로는 적절한 소통을 보장할 수 없다. 사법적 과정은 여러 부문을 망라하는 종합적 분야로서, 여기에 종사하는 사람들은 상이한 분야의 구성원들(예: 판사와 경찰)과 함께 일하는 훈련을 받으며 상호 이해도를 높이고 존중하는 방법을 배운다. 이와 마찬가지로 법조인, 경찰, 법률 관련 인력들이 통번역사와 함께 일하는 방식을 배우는 것이 중요하다.

따라서 각국의 다음 법률 서비스 종사자들이 법률 통번역사와 효과적 합동업무를 수행하기 위해 참고할 수 있는 업무 지침을 마련할 것을 권장한다.

- 경찰
- 민사·형사 법원, 특별 재판소
- 보호감찰 서비스
- 교도소
- 이민국
- 세관과 소비세 당국

이 리스트는 EU 국가별로 상이할 수 있다.

2. 법률 통번역사와의 효과적 협업을 위한 지침

통역사

1) 언제 통역사가 필요한가?

먼저 업무 상대자의 해당 언어에 대한 이해도, 구사력 및 독해, 작문능력을 파악해본다. 만일 의사소통의 정확성에 조금이라도 오해의 소지가 일어날 것 같으면 통역사가 필요하다.

2) 사용 언어/방언 확인

- 고객이 가장 잘 구사할 수 있는 언어를 찾는다

- 가능한 경우, 해당 언어의 방언이나 지역 특수언어를 사용하는지 여부를 파악한다.

• 고객이 제3의 언어를 구사할 수 있는 경우, 발생 가능한 위험을 숙지한다. 불완전한 지식을 가진 언어로 의사소통을 하는 것은 문제를 초래하는 지름길이다.

• 고객의 언어 결정이 어렵다면, 적절 언어를 선별해 낼 자질이 있는 통역사와 해당 고객간 짧은 전화상담을 주선해줄 수 있다. 이 경우, 통역사에게 전화상담의 단일목적을 명확히 알려야 한다. 또는 3자 전화상담을 통해, 질문과 대답을 통역하는 방식으로 진행할 수도 있다.

3) 적합한 통역사 선별

• 통번역사 국가 등록부(제8장 참조)에서 전문성, 경력, 기타 요구되는 자질을 갖춘 통역사를 선별한다.

• 국가 등록부에서 원하는 통역사를 구할 수 없는 경우(예: 희귀어)나 아직 등록부가 존재하지 않는 경우에는 신뢰할 수 있는 다른 경로를 통해 통역사를 엄선한다. 이때 업무 착수 전, 통역사의 법률통역 능력과 경력을 반드시 검증해야 한다(제4장 참조).

• 다음과 같은 경우, 통역사가 개입하는 것이 부적절한지 통역사에게 확인한다.
  - 고객과 연관이 있을 때
  - 고객과 개인적 친분관계가 있을 때
  - 이해충돌 소지가 있을 때

• 통역사가 이해충돌 소지가 있는 업무를 과거에 수행했거나, 또는 현재 수행하고 있는지 확인한다. 예를 들어 형사사건에서는 조사단계와 사법단계가 분리될 필요가 있다.

• 해당 업무가 본인의 전문적 역량에 속하는지 판단할 수 있도록 통역사에게 충분한 정보를 제공해야 한다.

• 매우 복잡한 사안이거나 또는 상세한 내용의 통역이 장기간 요구되는 등 특별한 경우에는, 개별 증인이나 원고별로 개별 통역사를 고용하는 것이 적합하다. 이런 상황은 사안별로 다를 수 있다.

4) 통역사 연락, 브리핑, 의뢰

• 통역사에게 가능한 최대한의 정보를 제공하면 자신의 통역경력을 최대한 활용해 업무적합도를 높일 수 있다. 또한 사전에 통역사에게 주의사항을 숙지시키면 보다 더 신중한 자세로 업무에 임하도록 하는데 도움이 된다.

• 실제 통역을 하게 될 장소와 날짜, 시간에 대해 전달하고 착오가 없도록 한다.

• 계약서나 합의서를 준비한다(제8장 참조).

• 그 외 보안관련 필요 조치를 취한다(제8장 참조).

5) 통역으로 진행될 인터뷰 및 심리 준비

• 통역사가 의뢰를 수락하면

– 위치, 주차 시설과 같은 교통수단을 설명하고, 필요한 경우 서비스 차량을 마련한다.

– 정확한 장소(예: 정확한 방 호수) 및 현장에 도착해서 찾아야 할 사람의 이름을 알린다.

– 문의사항이 있거나 비상사태가 발생했을 때를 대비해 담당자의 연락처를 알린다. 또한 통역사가 해당업무를 식별할 수 있는 명칭이나 파일번호를 제공한다.

– 업무수행에 있어 필요한 정보나 문서를 제공하고, 관련 전문용어(예: 자동차 부품명)를 양쪽 언어로 알려준다. 더불어 통역사에게는 익숙하지 않으나 통역과정에서 발생할 수 있는 절차가 있다면 미리 설명해 둔다.

– 통역사가 관련 문서들을 학습할 수 있도록 한다. 이는 특히 통역을 하는 도중 번역이 필요할 가능성이 있을 때 더욱 중요하다.

– 통역사가 최소한 부분적으로나마 사전회의에 참석하는 게 바람직하다.

• 통역사가 현장에 도착하면

– 청중들에게서 떨어진 대기실로 통역사를 안내하고, 통역하게 될 연사를 알려준다.

– 예정된 통역내용에 변동사항이 있으면 반드시 통역사에게 알린다.

6) 통역현장 준비

• 음향시설: 통역사는 연사 및 청중의 말을, 연사 및 청중은 통역사의 말을 명확히 들을 수 있어야 한다.

• 통역사의 위치: 비언어적 요소(예: 얼굴표정, 제스처)는 효과적인 의사소통에 도움이 되므로 보통 연사가 잘 보이는 곳에 위치하는 것이 좋다.

공정한 통역에 의구심을 야기시킬 수 있는 위치는 피해야 한다. 예를 들어 경찰조사에서 통역사가 경찰관 또는 피의자와 같은 측면에 배석하는 것은 바람직하지 않다. 이 경우 경찰과 피의자는 마주보고 앉고, 통역사는 가운데 위치하는 게 좋다.

법정심리의 경우는 예외라 할 수 있는데, 통역사는 고객(피고이건 증인이건)과 나란히 앉는다. 이는 피고석이든 증인석이든 고객이 착석할 곳에는 항상 통역사를 위한 자리가 함께 마련되어야 함을 의미한다.

청각장애인의 경우 수화 통역사를 잘 볼 수 있어야 하므로 전등 앞과 같이 눈부심을 야기하는 곳은 좋지 않다. 청각장애인은 또한 심리에 참가해 통역이 이루어지고 있는 모든 사람들을 볼 수 있어야 한다.

• 장비: 사용하는 모든 장비들(예: 테이프 녹음기, 마이크)이 정상적으로 작동하고 제자리에 비치되어 있는지 확인한다.

7) 명확한 상황 설명

- 소송관련 현장에 참석한 모든 이들에게 통역 서비스가 제공되고 있음을 알린다.

- 통역사를 통해 고객을 소개한다. 통역사의 경우, 법률 공무원이 아니라는 점을 드러내기 위해 주로 제일 마지막에 소개한다. 통역사의 보안이 요구되는 경우 단순히 '통역사'라고만 소개하며, 공개적으로 이름을 밝히지 않아도 된다. 소개부분에서 통역사의 통역언어와 고객의 언어가 일치하는지 확인한다.

- 통역사를 통해 고객에게 자신이 말을 하게 될 대상이 누구인지 (예: 서기, 보호관, 법정보안관) 그리고 현장에 참석한 사람들의 역할과 책임을 설명한다.

- 통역사를 통해 고객에게 곧 실시될 인터뷰, 심리, 협의 등의 목적과 그 과정에 대해 설명한다.

- 합당한 경우, 통역사를 통해 고객에게 법률적 조언이 필요하지는 않은지, 또는 모든 사항에 대한 이해가 이루어졌는지 확인한다.

8) 모든 참석자에게 통역과정 공지

통역 과정을 설명한다. 재판이 실시되는 국가의 법률 기관이 해당 언어로 설명하고, 통역사가 이를 통역한다.

하기 사항을 밝힌다

• 통역사는 기밀사항을 누설하지 않으며 공정한 태도로 임한다.

• 1인칭 통역으로 진행된다. 즉 통역사에게 “이름이 무엇인지 물어봐 주시겠습니까?”라고 하는 대신 직접 “이름이 무엇입니까?”로 말한다.

• 통역사는 모든 사람들이 참석한 가운데 발언내용 전부를 통역한다. 또한 통역사는 다른 한 쪽이 알아듣지 못하는 한 가지 특정언어로 특정 목적이나 내용에 대해 의논해서는 안 된다. 이는 통역사가 독립적인 제3자로서의 위치를 훼손시킬 여지가 있는 정보에 노출되지 않도록 하는데도 도움이 된다.

• 통역사는 모든 질문과 그에 대한 대답을 통역하고, 언어 관련 사항을 제외하고는 질문이나 설명을 하지 않는다.

• 순차통역으로 진행한다. 즉 연사가 3-4문장 정도 말을 하고 나면 통역사가 그 내용을 통역한다. 이때 통역이 진행되는 동안 연사는 말을 멈추고 기다린다.

• 순차통역이 적합하지 않은 경우, 연사가 말을 하는 동안 통역사가 청자의 귀에 위스퍼링으로 동시통역을 한다. 위스퍼링 형태의 동시통역은 테이프 녹음이 진행되는 상황에서는 적합하지 않다.

• 수화통역의 경우 동시로 진행되는 게 원칙이나 경우에 따라 추가

설명을 위해 중간중간 멈출 필요가 있다.

9) 통역사 역할 존중 및 업무 외 영역 요구 금지

통역사의 역할은 각기 다른 언어를 사용하는 연사들 사이의 의사소통을 가능하게 하는 것이다. 따라서

- 상대 통역사가 아닌 자신이 말을 하는 대상자를 쳐다보고 말한다.

- **금지사항**
  - 통역사에게 언어적인 부분을 제외하고는 추가적인 설명을 요구하면 안 된다. 통역사가 부가 설명을 해야 할 상황이고 또 그 역할을 수행할 요건을 갖추고 있다면, '전문가 증인*expert witness*'으로 공식 지정한다.
  - 통역사와 언어적 소통이 가능하다고 해서 다른 사람의 배경이나 의견에 관해 통역사 자신의 의견을 물어서는 안 된다.
  - "저 사람이 진실을 말하고 있습니까?"와 같은 식으로 통역사의 의견을 묻는 질문을 삼간다.
  - 상대방에 관한 자신의 느낌을 통역사에게 이야기하거나 묻지 않는다.

- 필요한 경우 통역사의 설명이 아니라, 통역사를 통해 고객으로부터 명확한 설명을 요구한다.

10) 이종 문화간 비언어적 의사소통 요소에 유의

참석자들이 서로를 볼 수 있는 상황에서는 비언어적 의사소통 요소가 정보교환에 매우 큰 부분을 차지한다. 문화에 따라 제스처, 얼굴표정, 시선, 목소리 톤, 몸짓에 대한 해석이 각기 다르므로 오해 발생의 소지가 존재하기 때문이다.

따라서 다음과 같은 자세가 바람직하다.

- 비언어적 신호에 대해 어떠한 추정도 하지 않는다.
- 다른 이들에게도 임의 추정을 하지 않도록 한다.
- 비언어적 신호에 대한 해석이 필요한 경우, 직접적으로 질문한다.
- 말을 하는 동안 비언어적 요소들을 사용할 경우, 상대방이 이를 정확히 이해할 수 있도록 주의를 기울인다.

11) 통역방식(순차 또는 동시통역)에 따른 적절한 지원

지속적인 동시통역을 가능케 하는 통역부스, 헤드폰 등의 동시통역 장비가 마련되어 있지 않는 한, 통역사는 상황에 따라 다음 두 가지 중, 적절한 방식으로 통역한다.

- 연사가 일정 길이의 문장을 이야기한 후 말을 멈추면 순차통역

- 연사가 자신의 언어로 이야기할 때, 동시에 청자의 귀에 위스퍼링으로 동시통역

• 연사는 효과적인 통역을 위해 하기 사항을 유념한다.
 - 잘 들리도록 이야기한다.
 - 명확하고 모호하지 않게 표현한다.
 - 난해한 표현을 불필요하게 사용하지 않는다.
 - 통역사가 순차통역을 할 수 있도록 일정한 간격으로 말을 중단한다(예: 매 서너 문장마다). 이때 의미전달을 해치지 않도록 자연스런 부분에서 멈춰야 하며, 문장 중간에서 중지하면 안 된다.
 - 동시통역의 경우 통역사가 따라올 수 있는 일정 속도를 유지한다.

• 통역사는
 - 기억을 돕기 위해 노트테이킹을 할 수 있어야 한다.
 - 문제가 있는 경우, 판사나 기타 책임자에게 알릴 수 있어야 한다.

• 통역사에게 규칙적인 휴식시간을 제공해야 한다.

통역은 고도의 집중력을 요구하는 작업이다. 따라서 최소 한 시간마다 휴식 시간을 제공하지 않으면 통역의 품질이 저하될 수 있다. 또한 휴식 시간에는 옆에 앉은 사람들 때문에 통역을 할 수밖에 없는 상황을 방지하기 위해 사건 관계자들과 떨어진 곳에서 쉴 수 있도록 해야 한다.

12) 통역사가 (통역 이외의 대화에) 개입하는 경우, 완전 무결한 통역을 위해 적절히 대응

통역사는 일반적으로 통역 이외에는 개입을 하지 않지만, 의사소통의 무결성을 위해서 관여해야 할 상황이 발생할 수도 있는데, 이는 다음과 같은 상황을 의미한다.

- 정확한 통역을 위해 연사 말의 의미를 명확히 파악하고자 할 때

- 명확한 통역에도 불구하고 상대방이 연사의 말을 이해하지 못한 것으로 보일 때

- 문화적인 차이로 인해 오해의 소지가 존재하는 것으로 보일 때나 상대방이 전통과 관습에 대해 잘 알고 있다고 임의로 추정하고 말을 함으로써 의사소통이 제대로 이루어지지 않을 가능성이 있다고 판단되어 설명이 요구될 때

- 무례하거나 공격적인 태도로 통역에 지장을 주고 있어, 이를 대한 시정을 요구할 때

통역사가 관여를 해야 할 경우, 양쪽 언어 모두를 사용해 그 이유를 설명함으로써 한쪽이 알아듣지 못하는 언어로 대화를 한다는 오해를 사지 않도록 한다. 그리고 차후 설명을 계속 통역한다.

13) 통역으로 진행 된 인터뷰 및 심리를 마친 후, 향후 일정 설명

- 고객에게 향후 일정에 대해 알릴 때, 차후에는 언어장벽 문제를 어떤 방식으로 해소할지에 대해 설명한다.

- 지금까지의 경험으로 볼 때, 통역사가 시간, 심리 장소, 보석 조건, 보호 감찰관과의 약속 내용, 벌금 액수, 징수 방식 및 장소 등과 같은 내용을 고객의 언어로 작성해서 전달하는 것이 바람직하다. 그리고 외국어로 작성된 노트의 복사본과 그 번역본은 사건파일에 함께 첨부한다.

14) 통역으로 진행 된 인터뷰 및 심리 종료 후, 통역사 고용조건 관련 행정절차 완료

통역사에게 규정에 따라 서비스비용 및 제반 비용이 지급될 수 있도록 관련 절차를 진행한다.

15) 통역 성과 피드백

통역에 있어 만족스러웠던 점과 불만족스러웠던 점, 그리고 그 이유에 대한 피드백을 주고 받음으로써 해당사항이 향후 통역에 반영될 수 있도록 한다. 이와 같은 통역사와의 피드백은 생산적인 결과를 창출한다.

번역사

법률업계에는 번역을 요하는 자료들이 많다. 여기에는 표준서신, 공식 양식, 통보문, 기소장, 증인 진술서, 전문가 의견서, 결정문뿐만이 아니라 보다 광범위하게 배포될 목적의 리플릿 등도 포함된다.

1) 번역될 원문 확인

보다 적합한 번역사를 구하고 번역될 텍스트에 대해 번역사에게 적절한 설명을 할 수 있도록, 고객은 가능하면 번역될 원문을 먼저 평가해보아야 한다.

이때 다음과 같은 사항들을 고려한다.

- 번역을 요하는 언어(출발어)
- 번역될 원문의 형식(예: 기소장, 판결문, 증인 진술서, 전문가 의견서, 서신, 정보 리플릿)
- 번역의 목적(예: 출판용 또는 사내 용도-후자의 경우 의미전달만 정확하다면 윤문 작업 생략 가능)
- 번역될 원문의 복잡성과 전문성 정도(예: 사용되고 있는 전문용어의 난이도)
- 가독성(예: 경찰의 자필노트나 상태가 좋지 않은 복사본의 경우 원문확인 작업 필요)
- 번역분량
- 원문파일의 형태와 전달방식(예: 이메일, 팩스, 인쇄물, 디스크)
- 번역을 요하는 문서가 공인된 번역을 요구하는지 또는 번역사에 의해 공식적 승인이 필요한 지의 여부(예: 법정 용도)
- 번역 마감일

양질의 번역을 생산하는 데는 시간이 걸린다는 사실을 염두에 둔다.

2) 적합한 번역사 선별 및 연락

• 국가 등록부(제8장 참조)로부터 언어 전문성과 경력 그리고 요구되는 자질을 갖춘 번역사를 선별한다.

• 국가 등록부에서 원하는 번역사를 구할 수 없는 경우(예: 희귀어)나 아직 등록부가 존재하지 않는 경우에는 신뢰할 수 있는 다른 경로를 통해 번역사를 엄선한다. 이때 업무 착수 전, 번역사의 법률번역 능력과 경력을 반드시 검증해야 한다.

• 번역사 선별 시 다음 사항을 고려해야 한다.

- 번역될 최종 언어(도착어): 보통은 도착어가 모국어인 번역사를 고르는 것이 최선의 결과물을 얻을 수 있는 방법이다.
- 번역사의 자격 등급, 전문성, 학력 수준, 경력 사항 등과 번역물의 복잡성 및 전문성의 부합여부
- 윤리 규범과 징계권한을 갖춘 전문조직에 속해 있는지의 여부
- 특정 컴퓨터 프로그램이나 IT도구(모뎀이나 이메일) 사용가능 여부

정해진 시간 내 번역완료 가능여부

3) 번역의뢰

• 계약서나 합의서를 준비한다(제8장 참조).
• 그 외 보안관련 필요한 조치를 취한다(제8장 참조).

4) 번역 브리프 전달

- 번역사에게 번역물의 성질, 관련사항, 번역 목적 및 대상 독자에 대해 설명한다.

- 번역사가 필요로 하는 전문지식을 제공한다. 가능한 경우, 관련 정보 및 도움이 될만한 자료(예: 동일 사건 자료나 번역물)를 제공하거나 문의 가능한 사람을 소개해 준다.

- 번역원본에서 의심이 가는 부분이 있거나 명확한 확인이 필요할 때 접촉할 수 있는 사람을 소개해 준다.

- 번역 원문의 단어나 용어의 등가성(원문의 의미를 훼손시키지 않고 도착어로 재현하는 것)을 충족시키는 도착어가 없는 경우, 설명으로 대체할 것인지 아니면 번역 없이 각주를 첨가할 지와 같은 사항에 대해 번역사와 함께 협의한다.

- 특정 독자의 요구를 부합시킬 필요가 있는 번역물(예: 범죄예방 포스터의 경우 원문과는 완전히 상이한 관점에서 출발해 번역해야 할 수도 있다)의 경우, 가편집 과정에서 원문 저자 및 전문가와 번역사가 함께 조정작업을 할 수 있도록 기회를 마련한다.

- 원문과 번역문을 저장할 때 안전을 위한 구체적 요구조건이 있는지 정확히 알린다. (예: 번역물을 번역사의 개인 컴퓨터에 저장해도 되는지, 파일을 잠가야 하는지 여부)

• 원문이 민감한 사항을 포함하고 있어 엄격한 보안이 요구되는 경우, 번역사에게 법률 에이전시의 건물 내에 작업공간을 마련해 주어야 한다. 이때 반드시 번역사가 능숙하게 사용할 수 있는 키보드(예: AZERTY 자판 또는 QWERTY 자판)를 제공해 준다.

• 완성된 번역본이 언제, 어디로, 어떠한 방식으로 전달되어야 하는지, 그리고 수신인이 누구인지 알린다.

5) 번역 완성본에 대한 최종검수가 필요한 경우 자리 마련

다음 사항은 소책자*leaflet* 등, 출판을 위한 번역에 적용된다.

• 번역 완성본(예: 정보전달 목적의 리플릿)의 설명이 이해하기 쉬운지 체크한다. 이는 대상 독자에게 시범적으로 읽어보게 하면 쉽게 확인할 수 있다.

• 잘못된 의미전달이나 완성본의 구성, 색깔사용, 표현방식에 있어 오해의 소지를 방지하기 위해 인쇄를 시작하기 전 전문가의 조언을 구한다.

• 번역 완성본이 담고 있는 지시사항, 제안, 조언 등은 그 글을 읽는 독자의 향후 행동에 영향을 미친다는 사실을 유념해야 한다. 따라서, 정해진 시간에 특정 장소에서 제공하기로 한 서비스가 있다면, 그 자리에는 통역사가 준비하고 있어야 한다.

6) 번역사 고용조건 관련 행정절차 완료

번역사에게 해당국의 규정에 따라 서비스비용 및 제반 비용이 지급될 수 있도록 관련 절차를 진행한다.

7) 번역 성과 피드백

번역에 있어 만족스러웠던 점과 불만족스러웠던 점, 그리고 그 이유에 대한 피드백을 주고 받음으로써 해당사항이 향후 번역에 반영될 수 있도록 한다. 이와 같은 번역사와의 피드백은 생산적인 결과를 창출한다.

3. 문화간 업무 모범사례 지침

신뢰할 수 있는 통번역사를 써서 소통 채널을 제공하는 것이 필수적인 전제조건임은 틀림없지만 단순히 이것만으로는 효과적인 서비스를 제공할 수 없다. 법조계의 모든 종사자들은 의사소통 채널을 이용할 수 있어야 할 뿐만이 아니라 의사소통 대상자별 각기 상이한 개인배경을 고려해 그에 적합한 서비스를 제공할 수 있어야 한다.

사실 동일 언어와 문화를 공유하는 사람들 사이에서는 거의 반사적으로 개인별 교육수준, 사회·경제적 배경을 고려해 일을 진행한다. 이런 점을 상기할 때 언어와 문화가 다른 경우에는, 서비스를 제공하는 방식에 있어 보다 더 세심한 주의를 기울여야 함을 알 수 있다.

이를 위해 법조계 자체적으로 적절한 훈련을 제공하고 실천해야 한다. 그러나 필요 정보를 주고받는 방식에 관해 동일 문화권 하에서라면 아마도 당연하게 여겨질 다음과 같은 포괄적인 지침을 따른다면 더욱 도움이 된다. 더 나아가 이 지침은 개인별로 상이한 배경조건을 확인하고 수용함으로써 효과적으로 목적을 달성할 수 있는 방법을 제공해준다.

1) 잠재 고객과의 대면 전, 언어·문화적 배경 관련 일반정보 탐색

잠재 고객의 언어 및 문화적 배경에 관한 일반적인 정보를 찾아본다. 이에 관련된 대부분의 정보는 교육부나 공동체 집단과 같은 곳을 통하면 쉽게 구할 수 있다.

각기 상이한 문화적 관습에 관해 (선입견을 갖지 않도록 반드시 경고해야 한다) 법조계 종사자들이 편리하게 이용할 수 있고, 정기적으로 업데이트 되는 데이터베이스를 마련할 것을 권장한다.

2) 고객과 대면 전 정보를 제공할 경우, 사고(思考)의 출발점이 다를 수 있음을 상기

향후 발생할 인터뷰, 심리, 협의의 배경과 목적에 대해 고객에게 설명할 때, 잘 알려진 경우라고 할지라도 해당 조직이나 절차 관련 지식을 갖고 있을 것이라고 예단하지 않는다.

3) 회의 시 고객의 개인, 사회, 교육관련 정보와 태도, 신념, 인식, 욕구 등을 파악

언어의 차이와는 상관없이 동질의 서비스를 제공하고자 한다면, 동일언어를 사용하는 상황에서 고려했을 사항들을 언어가 다른 고객에게도 똑같이 적용해야 하므로, 고객과의 사전대화를 통해 관련 사항을 능숙하게 파악해야 한다. 그 중 첫 번째 사항은 다음과 같다.

- 고객이 해당언어를 어느 정도 이해하고, 말하며, 읽고 쓸 줄 아는가? 여기에 조금이라도 의심스러운 부분이 있다면, 통번역사가 필요하다.

그 외의 사항은 다음과 같다.

- 고객이 법 체계 및 그 과정에 대해 어떻게 인식하고 있으며, 본인에게 미치는 영향에 대한 이해도는 어느 정도인가? 법 체계의 작동방식에 관한 지식이 수반되지 않는다면, 언어에 관한 지식이 있다고 해도 효과적인 결과를 생산할 수 없다. 이런 지식은 고객이 언제 그리고 어떤 상황 하에서 해당국에 도착했는지에 따라 영향을 받는다.

- 자신이 처한 상황에 대한 고객의 인식은 개인의 배경 차로 인해 발생하는 기대수준 및 관습의 차이에 따라 상이하다. 예를 들어 경찰서에서 접수를 받는 공무원은 밤 11시가 되어도 귀가하지 않는 18살짜리 딸이 '실종되었다'고 신고를 하는 아버지의 심리상태가 그의 개인적인 배경에 따라 상당한 차이를 보일 수 있다는

점을 충분히 인지하고 있어야 한다.

4) 서비스 및 그 절차, 적절한 해당 직원 관련 정보를 제공하고 가능한 한 고객의 요구충족을 위해 노력

법률 서비스 종사자들은 잠재 고객의 배경에 관한 기본정보를 바탕으로 고객의 각기 다른 요구에 효과적으로 대응하기 위해 적절한 말과 행동을 취해야 한다.

5) 긍정적 방식으로 특정상황의 두 문화적 성격을 수용할 수 있는 평가, 협상, 결정 도출

6) 부가적 문화 차원 요소를 확인했을 경우, 충분한 정보에 의거해 객관적으로 해당사항을 기록 및 보고하고 동료나 다른 이들이 업무수행 시 필요할 가능성이 있는 사항은 부연 설명 첨가

법률 서비스 종사자들은 일회성으로 적절한 정보를 얻을 필요가 있을 수도 있다. 예를 들면 범죄피해자 지원서비스 인력의 경우, 유가족의 종교에 따라 어떤 종교인을 소개시켜주고 어떤 장례절차를 지원해주어야 하는지 정보가 필요할 수 있다.

이런 질문에 대해 해결책을 알고 있는 사람이 정보를 제공하거나 또는 질문자가 이용할 수 있는 방식으로 기록을 해둔다면 큰 도움이 될 것이다.

따라서 이와 같은 정보에 대해 편리하게 이용가능하며, 정기적으로 업데이트 되는 광범위한 데이터베이스를 구축할 것을 권장한다.

7) 향후 성과 개선을 위한 피드백

만족스러웠던 점과 불만족스러웠던 점, 그리고 그 이유에 대한 피드백을 주고 받음으로써 해당사항이 향후 절차에 반영될 수 있도록 한다.

참고문헌

Legal Interpreting and Translation: A selective bibliography with an emphasis on training

Erik Hertog

1 Bibliographies

Hertog, E. and Maritza van Heerden. 2000. 'Court Interpreting: A Selective Bibliography.' In Lebohang Mathibela, ed. *Selected Contributions on Language Policy, Language Planning and Interpreting*, Acta Varia 3, Bloemfontein: Universiteit van de Vrystaat, 119-28.

Marín Hita, T., A. Martínez López, E. Ortega Arjonilla, G. Velásquez Feraz and I. Villena Álvarez. 1997. 'Repertorio Bibliográfico para traductores e intérpretes jurídicos y/o jurados (inglés-español/español-inglés)'. In San Ginés, P. and E. Ortega Arjonilla, eds., *Introducción a la Traducción Jurídica y Jurada*. Granada: Comares.

Mok, Wing-yin. 1999. 'A Bibliography of Publications in English on Specialty Interpretation: Legal, Community Interpretation and Others.' *Translatio*, 18, 44-69.

Morris, Ruth. 2000. *A Bibliography on Court and Legal Interpreting*. AIIC Online, Communicate 6, September 2000 (www.aiic.net).

2 Books

Anon. 1986. *Equal Access to the Courts for Linguistic Minorities*. Supreme Court of New Jersey: New Jersey Supreme Court Task Force on Interpreter and Translation Services.

Anon. 1988. *Curricular Guidelines for the Development of Legal Interpreter Education.* Drawn up by the New Jersey Consortium of Educators in Legal Interpretation and Translation. Upper Montclair, NJ: Montclair State College.

Anon. 1994. *Metropolitan Police Handbook for Interpreters.* London.

Anon. 1995. *California Court Interpreters Association Training Kit* (with three audio-cassettes). Garden Grove, CA: CCIA.

Anon. 1996. *The Norwegian Interpreter Certification Project: Pilot Examination in Public Service Interpreting.* Oslo: The University of Oslo, Directorate of Immigration, Ministry of Local Government and Labour.

Anon. 1996. *Interpreters and Translators: The Refugee Review Tribunal Interpreters' Handbook.* Queensland: Language Services Policy, Dpt. of the Premier.

Anon. 1996. *Guide to Best Practice for Lawyers Working with Interpreters and Translators in a Legal Environment.* Sydney: Law Foundation of New South Wales.

Anon. 1998. *Met recht tolken en vertalen: rapport van de werkgroep Tolk- en vertaaldiensten.* Den Haag: Ministerie van Justitie.

Anon. 1999. *Provision of an Interpreter in Criminal Proceedings.* Brussels: General Secretariat of the Council of the European Union, 5451/9.

Adams, Christine, A. Corsellis and A. Harmer. 1995. *Basic Handbook for Trainers of Public Service Interpreters.* London: Nuffield Foundation.

Almeida, F., A. Rainof and S. Zahler. 1979. *Glossary of Terms Most Often Used in Court Interpretation.* San Francisco: California Court Interpreters Association.

Almeida, F. and S. Zahler. 1981. *Los Angeles Superior Court Interpreters Manual.* Los Angeles: Los Angeles Superior Court.

Atkinson, M. and P.Drew. 1979. *Order in Court: The Organization of Verbal Behavior in Judicial Settings.* London: MacMillan.

Bal, P. 1988. *Dwangkommunikatie in de rechtszaal.* Arnhem: Gouda Quint.

Barsky, Robert F. 1994. *Constructing a Productive Other.* Amsterdam: John Benjamins.

Berk-Seligson, Susan. 1990. *The Bilingual Courtroom: Court Reporters in the Judicial Process.* Chicago: University of Chicago Press.

Bettyruth, Walter. 1988. *The Jury Summation as a Speech Genre.* Amsterdam: John Benjamins.

Booi, J.A. et al. 1995. *Guide for the Training of Court Interpreters.* Pretoria: Justice College.

Brennan, Mary and R. Brown. 1997. *Equality before the Law: Deaf People's Access to Justice.* London: St. Jerome Publishing.

Butler, I. and L. Noaks. 1992. *Silence in Court?: A Study of Interpreting in the Courts of England and Wales.* Cardiff: University of Wales, School of Administrative Studies.

Carr, Silvana, et al., eds. 1984. *Manual for Court Interpreters.* 4 vols. Vancouver: Vancouver Community College.

Colin, Joan and Ruth Morris. 1996. *Interpreters and the Legal Process.* Winchester: Waterside Press.

Corsellis, Ann. 1995. *Non-English Speakers and the English Legal System.* Cambridge: The Institute of Criminology, University of Cambridge, Cropwood Occasional Papers No.20.

Corsellis, Ann. 1998. *Working Across Language and Culture.* Birmingham: The West Midlands Probation Service.

de Jongh, E.M. 1992. *An Introduction to Court Interpreting: Theory and Practice.* Lanham, MD: University Press of America.

De Mas, Sarah. 2000. *Communication Within the Legal Process.* Colloquium in the European Parliament (Brussels). Richmond: Fair Trials Abroad.

Edwards, Alicia Betsy. 1995. *The Practice of Court Interpreting.* Amsterdam: John Benjamins.

Frid, A. 1982. *Panklaar voor de zitting – de praktijk van het strafproces rondom de rechter-commisaris*. Arnhem: Gouda Quint.

Frid, Arthur and P.H.J. de Hommel-Steenbakkers. 1988. *Tolken Strafzaken Vreemdelingenzaken: Toewijzing, kwaliteit en positie van de gerechtstolk in strafproces en vreemdelingrechterlijke procedures*. Arnhem: Gouda Quint.

Gentile, Adolfo, U.Ozolins and M.Vasilakokos. 1996. *Liaison Interpreting: A Handbook.* Victoria: Melbourne University Press.

Gile, Daniel. 1995. *Basic Concepts and Models for Interpreter and Translator Training*. Amsterdam-Philadelpia: John Benjamins.

González, R.D., V.F. Vásquez and H. Mikkelson. 1992. *Fundamentals of Court Interpretation: Theory, Policy and Practice*. Durham, NC: Carolina Academic Press.

Hattingh A. 1995. *The Basic Principles of Court Interpreting in the RSA*. Pretoria: Justice College.

Hattingh A. and C.J. Pretorius. 1995. *Guide for the Training of Court Interpreters*. Pretoria: Justice College.

Hewitt, William E. 1995. *Court Interpretation: Model Guides for Policy and Practice in State Courts*. Williamsburg: National Center for State Courts.

Hewitt, W.E. and J.G.Richardson. 1997. *Managing Language Problems: A Court Interpreting Education Program for Judges, Lawyers and Court Managers*. US Department of Justice.

Jones, Roderick. 1997. *Conference Interpreting Explained.* Manchester: St. Jerome.

Jönsson, Linda. 1988. *On Being Heard in Court Trials and Police Interrogations. A Study of Discourse in Two Institutional Contexts.* Linköping: Linköping University.

Knol, J. 1998. *De tolk en de etiek in het strafprocesrecht.* Syllabus Stichting Instituut Gerechtstolken en -vertalers, Amsterdam: SIGV.

Laster, Kathy and Veronica Taylor. 1994. *Interpreters and the Legal System.* Annandale: The Federation Press.

Levi, Judith N. and A. Graffam Walker, eds. 1991. *Language in the Judicial Process.* New York: Plenum Publishing Corporation.

Lucero, Roberto J. 1996. *Introduction to Court Interpreting*. Spring Valley, CA: Court Interpreters Training Center.

Matyssek, Heinz. *Handbuch der Notizentechnik für Dolmetscher.* Heidelberg: Groos, 2 vols., 1989.

Mikkelson, Holly. 2000. *Introduction to Court Interpreting*. Manchester: St. Jerome Publishing.

Moeketsi, Rosemary. 1999. *Discourse in a Multilingual and Multicultural Courtroom: A Court Interpreter's Guide*. Pretoria: Van Schaik.

O'Barr, William M. 1982. *Linguistic Evidence. Language. Power and Strategy in the Courtroom.* New York: Academic Press.

Ozolins, Uldis. 1998. *Interpreting and Translating in Australia: Current Issues and International Comparisons.* Victoria: The National Languages and Literacy Institute of Australia.

Palma, Janis. 1989. *Introduction to Judiciary Interpreting*. New York: National Association of Judiciary Interpreters and Translators.

___. 1989. *Handbook for the Legal Profession. Working with Interpreters*. New York: National Association of Judiciary Interpreters and Translators.

Robinson, Ludmilla. 1994. *Handbook for Legal Interpreters*. Sydney: Law Book Society.

Rozan, Jean-François. *La prise de notes en interprétation consécutive*. Genève: Georg, 1956.

San Ginés, P. and E. Ortega Arjonilla, eds. 1997. *Introducción a la Traducción Jurídica y Jurada*. Granada: Comares.

Shuy, Roger W. 1998. *The language of confession, interrogation and deception*. London: Sage Publications.

Stygall, Gail. 1994. *Trial Language*. Amsterdam: John Benjamins.

Torres Díaz, María Gracía. 1998. *Manual de interpretación consecutiva y simultánea*. Malaga: Universidad de Málaga.

Valdes G. and P. Wilcox. 1986. *The use of interpreters in New Mexico: A Handbook for Judges, Attorneys, and Interpreters*. Sante Fe, New Mexico: Administrative Office of the New Mexico Courts.

Vanden Bosch, Yolanda. 1999. *Gerechtstolken-Vertalers: Medewerkers van het Gerecht*. Brussel: Koning Boudewijnstichting.

van den Reijen, M.K.J.G. 1999. *Een kwestie van interpretatie: verkennend onderzoek naar de positie en de rol van de tolk in de strafrechtpleging in het algemeen en van de taptolk in het bijzonder*. Doctoraalscriptie Nederlands Recht. Waalwijk: Open Universiteit Nederland.

Van Duijn, A. 1999. *Algmene Tolktechnieken*. Syllabus Stichting Instituut Gerechtstolken en -vertalers. Amsterdam: SIGV.

Wadensjö, Cecilia. 1992. *Interpreting as Interaction: On Dialogue-Interpreting in Immigration Hearings and Medical Encounters*. Linköping: Linköping University.

___. 1998. *Interpreting as Interaction*. Manchester: St. Jerome.

3 Collective works with interesting articles on legal interpreting and translation

Alcaraz Varó, E. 1994. *El inglés jurídico, textos y documentos*. Barcelona: Ariel.

Balkema, J.P. and G.R. de Groot, eds. 1987. *Recht en Vertalen I*. Deventer: Kluwer.

Bowen, David and Margareta, eds. 1990. *Interpreting: Yesterday, Today and Tomorrow*. American Translators Association (ATA) Scholarly Monograph Series IV. Binghampton: SUNY.

Carr, Silvana, R. Roberts, A. Dufour and D. Steyn, eds. 1997. *The Critical Link: Interpreters in the Community*. Amsterdam/Philadelphia: John Benjamins.

de Groot, G.R., ed. 1993. *Recht en Vertalen II*. Deventer: Kluwer.

Erasmus, Mabel, Lebohang Mathibela, Erik Hertog and Hugo Antonissen, eds. 1999. *Liaison Interpreting in the Community*. Pretoria: Van Schaik.

Fritschy, Gerard, Chr. Oberman and H. Warendorf. 1976. *Vertalen Vertolkt: Verhalen over Vertalen*. Amsterdam: Nederlands Genootschap van Vertalers.

Hammond, Deanna L., ed. 1988. *Languages at the Crossroads: Proceedings of the 29th Annual Conference of the American Translators Association Seattle 1988*. Melford, NJ: Learned Information Inc.

Hammond, Deanna L., ed. 1989. *Coming of Age: Proceedings of the 30th Annual Conference of the American Translators Association Washington 1989*. Melford, NJ: Learned Information Inc.

Hammond, Deanna L., ed. 1994. *Professional Issues for Translators and Interpreters. American Translators Association (ATA) Scholarly Monograph Series VII*. Amsterdam: John Benjamins.

Hertog, E. and A. Lotriet, eds. 1997. *Colloquium Gerechtstolken: theorie, praktijk en opleiding*. Colloquium on Legal Interpreting: Theory, practice and training, Acta Varia 4, UOVS, Bloemfontein.

Katschinka, Liese and Ch. Springer, eds. 1999. *Proceedings of the Fourth International Forum and First European Congress on Court Interpreting and Legal Translation 'Language is a Human Right'*. Vienna: FIT.

Kruger, A., A.K. Wallmach and M. Boers, eds. 1998. *Language Facilitation and Development in Southern Africa*. Pretoria: South African Translators' Institute.

Kummer, Karl, ed. 1986. *Building Bridges: Proceedings of the 27th Annual Conference of the American Translators Association Cleveland, Ohio 1986*. Melford, NJ: Learned Information Inc.

Kummer, Karl, ed. 1987. *Across the Language Gap: Proceedings of the 28th Annual Conference of the American Translators Association*. Melford, NJ: Learned Information Inc.

Mason, Ian. 1999. *Dialogue Interpreting*. Special issue of The Translator, 5.

Morris, Marshall, ed. 1995. *Translation and the Law. American Translators Association (ATA) Scholarly Monograph Series VIII*. Amsterdam: John Benjamins.

Roberts, Roda P. ed. 1981. *L'interprétation auprès des tribunaux. Actes du mini-colloque tenu les 10 et 11 avril 1980 à l'Université d'Ottawa*. Ottawa: University of Ottawa Press.

Roberts, Roda, S. Carr, D. Abraham and A. Dufour, eds. 2000. *The Critical Link II. Interpreters in the Community*. Amsterdam: John Benjamins.

Rybinska, Zofia, ed. 1996. *On the Practice of Legal and Specialised Translation*. Warsaw: The Polish Society of Economic, Legal and Court Translators TEPIS/FIT.

4 A SELECTION OF ARTICLES ON LEGAL INTERPRETING AND TRANSLATION

Abraham, Diana and Melanie Oda. 2000. 'The Cultural/Community Interpreter in the Domestic Violence Court – A Pilot Project.' In Roda P. Roberts, ed., 165-190.

Alexieva, Bistra. 1994. 'On teaching note-taking in consecutive interpreting.' In C. Dollerup and A. Lindegaard, eds., *Teaching Translation and Interpreting 2*. Amsterdam: John Benjamins, 199-206.

Allioni, Sergio. 1989. 'Towards a grammar of consecutive interpretation.' In Laura Gran and J. Dodds, eds., *The Theoretical and practical aspects of teaching conference interpreting*. Udine: Campanotto Editore, 191-97.

Altano, Brian. 1990. 'The Intricate Witness-Interpreter Relationship.' In D. and M. Bowen, eds., 96-100.

Arjona, Etilvia. 1983. 'Language Planning in the Judicial System: A Look at the Implications of the U.S. Court Interpreters Act.' *Language Planning Newsletter* 9, 1-6.

___. 1985. 'The Court Interpreters Certification Test Design.' In Lucia Elias-Olivares, et al. *Spanish Language Use and Public Life in the United States*. Berlin: Mouton, 181-200.

Arkoun, M. 1999. 'Les réponses à l'immigration en Europe: intégration, assimilation, intercréativité.' In Hernando de Larramedi y Arias, eds. *Traducción, Emigración y Culturas.* Cuenca: Universidad de Castilla-La Mancha, 15-29.

Bell, R. 2000. 'Pseudo-, Para- or Proto-: what kind of a professional is the translator or interpreter?' *The Linguist*, 39(5), 147-150.

Benmaman, Virginia. 1997. 'Legal Interpreting by Any Other Name Is Still Legal Interpreting.' In Silvana Carr et al., eds., 179-90.

Bennett, John. 1981. 'The Role of Court Interpreting and the Work of Court Interpreters.' In Roda.P. Roberts, ed., 11-18.

Bergenfield G. 'Trying non-English conversant defendants: the use of an interpreter'. *Oregon Law Review* s.a.,57(4), 549-65.

Berk-Seligson, Susan. 1988. 'The Impact of Politeness in Witness Testimony: The Influence of the Court Interpreter.' *Multilingua* 7.4, 411-39.

___. 1988. 'The role of linguistic pragmatics in court interpreting'. *La Raza Law Journal,* 2(1), 14-48.

___. 1988. 'The Importance of Linguistics in Court Interpreting.' *La Raza Law Journal* 2(1), 201-35.

___. 1988. 'The Need for Quality Interpreting Services in the Courtroom.' *The Court Manager* 3.2, 10-14.

___. 1989. 'The Role of Register in the Bilingual Courtroom: Evaluative Reactions to Interpreted Testimony.' *International Journal of the Sociology of Language* 79, 79-91.

___. 1991. 'Bilingual Court Proceedings: The role of the court interpreter.' In Levi and Walker, eds.

___. 1997. 'Court interpreting in the USA: Recent developments.' In Hertog and Lotriet, 1-16.

___. 1997. 'Court interpreting from a linguist's point of view: The state of the art in theory and practice.' In Hertog and Lotriet, 101-18.

Bierman, B. 1994. 'Translation and Interpreting in the 90s: Major Economic and Legal Issues Confronting the Community.' *American Translators Association*, Scholarly Monograph Series VII.

Blaauw, Johan. 1997. 'Geregstolke: refleksies oor praktyk en opleiding.' In Hertog and Lotriet, 89-97.

Bohák Szabari, K. 1996. 'Problems in Translating Legal Texts.' In K. Klaudy, J. Lambert and A. Sohár, eds. *Translation Studies in Hungary*. Budapest: Scholastica, 115-121.

Bordons, B. and A. Jiménez. 1996. 'La enseñanza de la interpretación.' In A. Hurtado, ed. *La Enseñanza de la Traducción*. Castelló de la Plana: Universitat Jaume I.

Carr, S. 1988. 'Towards a Court Interpreting System in a Multicultural Society: English-Speaking British Columbia.' In Deanna L. Hammond, ed., 417-22.

Chang, Williamson, B.C. and M.U. Araujo. 1975. 'Interpreters for the Defense: Due Process for the Non-English-Speaking Defendant.' *California Law Review* 63.3, 801-23.

Chapman, Ronald C. 1990. 'How American Courts View Defendants' Rights to Interpreters.' In D. and M. Bowen, eds., 81-90.

Colin, Joan. 1993. 'The view from the bench: a case for training.' In C. Picken, ed. *Translation -The Vital Link: Proceedings XIIIth World Congres of FIT.* London: Institute of Translation and Interpreting, vol.2, 189-191.

Connell, T. 1998. 'You are only as good as your last Translation.' *The Linguist*, 37 (6), 172-174.

Corpas Pastor, G. 1997. 'La traducción automática de textos jurídicos: ¿sueño o realidad?' In San Ginés and E. Ortega Arjonilla.

Corsellis, Ann. 1997. 'The recent developments in legal interpreting in the UK.' In Hertog and Lotriet, 79-88.

___. 2000. 'Turning Good Intentions into Good Practice. Establishing the Public Services to Fulfil their Responsibilities.' In Roda P. Roberts, ed., 89-100.

Crouch, Alan. 1981. 'Interpreters, Translators and Legal Services: Towards a Better Understanding.' *Law Institute Journal* 55, 264-9.

de Jongh, Elena M. 1990. 'The Challenge for the Court Interpreter in Southern Florida.' In D. and M. Bowen, eds., 91-95.

___. 1991. 'Foreign Language Interpeters in the Courtroom: The Case for Linguistic and Cultural Proficiency.' *Modern Language Journal* 75, 285-95.

Delgado Morán, T. 1998. 'La interpretación consecutiva, bilateral y de chuchotage en la función del intérprete de la administración de justicia.' In Fernández, Leandro Felix and E. Ortega Arjonilla, eds.II *Estudios sobre Traducción e Interpretación,* 3 vols. Malaga: CEDMA.

De Mas, Sarah. 1999. 'Interpreting in the Criminal Justics Systems of Europe.' In Liese Katschinska, ed., 12-14.

Driesen, Christiane. 1985. 'Paradoxes de l'interprétation auprès des tribunaux.' In Hildegund Bühler, ed., *Der Uebersetzer und seine Stellung in der Oeffentlichkeit.* X. Weltkongres der FIT. Wien: Wilhelm Braumüller, 216-19.

___. 1988. 'The Interpreter's Job – a blow-by-blow account.' In Picken, Catriona, ed. *Proceedings of the Conferences of the Institute of Translation and Interpreting (ITI).* London: Aslib, The Association for Information Management, 105-117.

___. 1989. 'Reformer l'interprétation judiciaire.' *Parallèles*, 11, 93-98.

___. 2000. 'Interprétation judiciaire et droits de l'homme.' AIIC Online, *Communicate* 6, September 2000 (www.aiic.net).

Dunnigan, Timothy and Bruce T. Downing. 1995. 'Legal Interpreting on Trial.' In Marshall Morris, ed., 93-113.

Duro, M. 1997. 'Power of attorney y poder de representación: ¿mentiras y verdades de la traducción?' In San Ginés and E. Ortega Arjonilla.

Edwards, Alicia B. 1988. 'Ethical Conduct for the Court Interpreter.' *The Court Manager*, Spring 1988, 22-25.

Fenton, Sabine. 1997. 'The Role of the Interpreter in the Adversarial Courtroom.' In S. Carr et al., eds., 29-34.

Fowler, Yvonne. 1997. 'The Courtroom Interpreter: Paragon or Intruder?' In S. Carr et al., eds., 191-200.

Frankenthaler, Marilyn. 1981. 'How to Work with Court Interpreters.' *New Jersey Lawyer* 95, Spring 1981, 24-30.

Frid, A. 1976. 'De tolk in strafzaken: een goed verstaander?' In Fritschy et al., 144-62.

___. 1984. 'Overheid tolereert tolkenmisstand in strafzaken.' *Proces* 3.4, 341-353.

Frid, A., C. Maas and J. Stuyling de Lange. 1986. 'Alle verdachten zijn gelijk, maar sommige zijn meer gelijk dan andere.' *Proces* 5.5, 290-98.

Frid, A. and M. Moerings. 1988. 'Buitenlanders en etnische groepen in onze strafrechtspleging.' *Proces* 7.8, 213-18.

Gill, Catherine and William E.Hewitt. 1996. 'Improving Court Interpreting Services: What the States Are Doing.' *State Court Journal* 20.1, 34-41.

Grabau, Charles M. 1996. 'Court Interpreting: View from the Bench.' *State Court Journal* 20.1, 6-11.

Guinsberg, E. 1993. 'Notes and Comments: Court jesters interpreting the interpreter.' *South African Law Journal* 110(3), 599-608.

Hale, Sandra. 1996. '"You Shall Truly and Faithfuly Interpret the Evidence" – What Does That Mean to the Interpreter?' *Proceedings of the XIV World Congress of FIT*, Sydney, Australian Institute of Interpreters and Translators, 424-431.

___. 1997. 'The Interpreter on Trial: Pragmatics in Court Interpreting.' In Silvana Carr et al., eds., 201-211.

___. 1997. 'The Treatment of Register Variation in Court Interpreting.' *The Translator 3*, 39-45.

___. 1999. 'Interpreters' Treatment of Discourse Markers in Courtroom Questions.' *Forensic Linguistics* 6, 57-82.

Heere-Nickolson, Judith. 1998. 'Uit de praktijk van een gerechtstolk.' *De Talen*, 114, oktober 1998, 282-84.

Heidelberger, B. 1994. 'Legal Interpreting: The Example of the Court of Justice of the European Communities.' *The Jerome Quarterly.*

Hertog, Erik. 1999. 'And I shall say: Interpreting forms a family.' *Linguistica Antverpiensia* XXXIII, 39-54.

Hertog, Erik, Bodil Martinsen and Yolanda Vanden Bosch. 1999. 'Establishing EU Equivalencies in the Standards of Training, Assessment and Practice of Legal Interpreters: A Survey of Three Projects.' In L. Katschinska, 26-34. Published also in *Le Linguiste/De Taalkundige,* 1999, 1, 33-43.

Hertog, Erik and Dirk Reunbrouck. 1999. 'Building Bridges between conference interpreters and liaison interpreters.' In M. Erasmus, 263-277. Published also in *De Taalkundige/Le Linguiste*, 46, 2000, 43-55.

Hertog, Erik and Yolanda Vanden Bosch. 2000. 'De Gerechtstolk en Vertaler in België: een status quaestionis.' *Linguistica Antverpiensia,* XXIV, 89-110.

Hertog, Erik. 2001. 'Language as a Human Right: The Challenges for Legal Interpreting.' To be published in the Proceedings of the 2001 Forli Colloquium, University of Bologna Press.

Hewitt, William E. and Robert J.Lee. 1966. 'Behind the Language Barrier, or "You Say You Were Eating an Orange?"' *State Court Journal* 20.1, 23-31

Ilg, Gérard and Sylvie Lambert. 'Teaching consecutive interpreting.' *Interpreting* 1, 1996, 69-99.

Inggs, Judith. 1998. 'Current Developments in Court Interpreter Training in South Africa.' *Proteus* 7, 1, 3-4.

Jacobsen, Bente. 1998. 'Court Interpreting in Denmark: The Role of Court Interpreters in Danish Courtrooms.' Proceedings of CIATI *Translation, Interpretation and Culture in the Age of Globalization,* 137-43.

___. 1999. 'Court Interpreting in Denmark: A Critical Perspective.' In L. Katschinka, ed., 56-93.

Jansen, Peter. 1994. 'Regulations on Translation in the Belgian and Dutch Courtroom: Languages and Translators in the Institution.' In the *Proceedings of The First International Congress on Translation and Interpreting: Present Trends*, Universidad de Las Palmas de Gran Canaria.

___. 1995. 'The role of the interpreter in Dutch courtroom interaction: the impact of the situation on Translational norms.' In Jorma Tommola, ed. *Topics in Interpreting Research.* Turku: University of Turku, 11-36.

___. 1996. 'Tolken in strafzaken en het NGV.' In Ton Naaijkens, ed. *Vertalers als erflaters.* Bussum: Coutinho.

Kabbani, S. 1986. 'Wer und Was ist ein Gerichtsdolmetscher?' *Mitteilungsblatt für Dolmetscher und Uebersetzer,* 5-9.

Kadric, Mira. 2000. 'Interpreting in the Austrian Courtroom.' In Roda P. Roberts, ed., 153-164.

Kaschula R.H. 1995. 'Cross-cultural communication in the Eastern Cape with particular reference to law courts.' *South African Journal of African Languages* 15(1), 9-15.

Katschinska, L. 1998. 'Court Interpreting: the European Perspective.' In Kruger et al eds., 47-48.

Kelly, Arlene M. 2000. 'Cultural Parameters for Interpreters in the Courtroom.' In Roda P. Roberts, ed., 131-151.

Ko, L. 1995. 'Teaching Dialogue Interpreting.' In C. Dollerup and V. Appel, eds., *Teaching Translation and Interpreting 3*. Amsterdam: John Benjamins.

Kotzé, Ernst. 1997. 'Gerechtstolken in de Oost Kaap: een gevallenstudie.' In Hertog and Lotriet, 136-43.

Krauthamer, Sara. 1986. 'On the Recognition of the Court Interpreter as a Professional.' in Karl Kummer, ed., 387-92.

Kruyt, A. 1986. 'De vreemdeling in het strafrecht.' *Proces* 5/5, 299-306.

Kurz, I. 1989. 'The Use of Videotapes in Consecutive and Simultaneous Interpretation Training.' In Laura Gran and J. Dodds, eds., *The Theoretical and Practical Aspects of Teaching Conference Interpretation.* Udine: Campanotto Editore, 213-215.

Laster, K. 1990. 'Legal Interpreters: Conduits to Social Justice?' *Journal of Intercultural Studies* 11, 15-32.

Longley, Patricia. 1989. 'The use of aptitude testing in the selection of students for conference interpretation training.' In Laura Gran and J. Dodds, eds., *The Theoretical and Practical Aspects of Teaching Conference Interpretation*. Udine: Campanotto Editore, 105-108.

Lotriet, Annelie. 1997. 'Geregstolking in Suid-Afrika: 'n oorsig oor die geregstolkopset en die opleiding van geregstolke in Suider-Afrika.' In Hertog and Lotriet, 49-64.

Manganaras, Ioannis. 1997. 'Court Interpreting in Greek Criminal Proceedings.' In Z. Rybinska, ed., 85-102.

Marquez Villegas, L. 1997. 'Orientaciones metodológicas para la realización de traducciones juradas.' In San Ginés and E. Ortega Arjonilla.

Marín Hita, T. 1997. 'La traducción de documentos jurídicos: planteamientos generales.' In San Ginés and E. Ortega Arjonilla.

Martínez García, A. 1997. 'Contrastes Interculturales del inglés al español: singularidades léxicas del lenguaje jurídico con la ejemplificación de los términos barrister y solicitor.' In San Ginés and E. Ortega Arjonilla.

Martanova, Katerina. 1997. 'Court Interpreting and Legal *Translatio*n in the Czech Republic.' In Z. Rybinska, ed., 103-110.

Mata Pastor, M. 1997. 'La traducción jurídica dentro de la combinación lingüística inglés-español: textos mixtos jurídicos-informáticos.' In San Ginés and E. Ortega Arjonilla.

Miguélez, C. 1998. 'Language mediation in the courtroom: how context conditions the practice of interpretation.' In L. Felix Fernández and E. Ortega Arjonilla, eds. *II Estudios sobre Traducción e Interpretación*, 3 vols. Malaga: CEDMA.

Mikkelson, Holly. 1997. 'Orientation Workshops for Interpreters of All Languages: How to strike a Balance Between the Ideal World and Reality.' In S. Carr et al., eds., 55-63.

___. 1999. 'Is Court Interpreting Finally Coming of Age in Europe.' *Proteus*, 8, 8-10.

___. 1998. 'Towards a redefinition of the role of the court interpreter.' *Interpreting* 3, 21-45.

Moeketsi, Rosemary. 1999. 'Discourse Structure in a criminal trial of a magistrate's Court.' *South African Journal of African Languages* 19(1), 30-38.

___. 1999. 'Redefining the Role of the South African Court Interpreter.' *Proteus* 8, 12-15.

Moerman, Ellen. 1993. 'Training Court Interpreters: The Dutch Experiment.' In *Proceedings of the International Forum on Legal Translation*. Warsaw: Tepis, 55-60.

Morris, Ruth. 1989. 'The Trial of Ivan John Demjanjuk – A Case Study.' *The Interpreters' Newsletter* 2, 27-37.

___. 1990. 'Interpretation at the Demjanjuk Trial.' In D. and M. Bowen, eds., 101-7.

___. 1993. 'The Interlingual Interpreter – Cypher or Intelligent Participant? Or, The Interpreter's Turn.' *International Journal for the Semiotics of Law* 6.18, 271-91.

___. 1995. 'The Moral Dilemmas of Court Interpreting.' *The Translator* 1.1, 25-46.

___. 1995. 'Pragmatism, Precept and Passions: The Attitudes of English-Language Legal Systems to Non-English Speakers.' In M. Morris, ed., 263-280.

___. 2000. 'Plus ça change...? Community Interpreters at the End of the Twentieth Century.' In Roda P. Roberts, ed., 243-263.

Niska, Helga. 1995. 'Just Interpreting: Role Conflicts and Discourse Types in Court Interpreting.' In M. Morris, ed., 293-316.

Noaks, L. and I. Butler. 1995. 'Silence in Court? Language Interpreters in the Courts of England and Wales.' *Howard Journal of Criminal Justice*, 34, 124-135.

Olivier, M. and E. Lemmer. 1995. 'Language in South African Courts.' In V.N. Webb, ed., *Language in South Africa. An input into language planning for a post-apartheid South Africa*. Pretoria: University of Pretoria, 329-336.

Ortega Arjonilla, E. 1997. 'El proceso de traducción de documentos jurídicos.' In San Ginés and E. Ortega Arjonilla.

Ostarhild, Edda. 1996. 'The National Register of Public Service Interpreters.' In *Proceedings of the XIV World Congress of the FIT*, 785-792.

___. 1997. 'From the Director's Desk.' *The Linguist,* 36 (6), 161.

___. 1998. 'Continuing Professional Development.' *The Linguist,* 37 (1), 88.

___. 1998. 'International Collaboration in setting Public Service Interpreting equivalencies.' *The Linguist*, 37(4), 104-106.

___. 1998. 'Public Service Interpreting across Languages and Cultures.' *Critical Link II Conference Proceedings*, www.criticallink. org.

___. 1999. 'Continuing Professional Development for Interpreters and Translators.' *Language Today: International journal for multilingual documentation*, 18, 18-19.

___. 1999. 'Establishing Comparable Standards in Legal Interpreting and Translation in the European Union.' *Translatio*, 18, 487-492.

___. 2000. 'The Diploma in Public Service Interpreting Legal Option.' To be published in *Translatio*, 19.

Ozolins, Uldis. 2000. 'Communication Needs and Interpreting in Multilingual Settings: The International Spectrum of Response.' In Roda P. Roberts, ed., 21-34.

Pasquiau Liaño, M. 1997. 'Las peculiaridades del lenguaje jurídico desde la perspectiva del jurista.' In San Ginés and E. Ortega Arjonilla.

Peñarroja, J. and C. Guidini. 1997. 'Casos prácticos de Traducción Jurada (inglés-español) de documentos jurídicos (judiciales y contractuales).' In San Ginés and E. Ortega Arjonilla.

Pousada, Alicia. 1979. 'Interpreting for Language Minorities in the Courts.' In James Alatis and G.R.Tucker, eds. *Language in Public Life.* Washington, D.C.: Georgetown University Press, 186-205.

___. s.d. 'Right to an Interpreter.' *Rutgers Law Journal* 25, 145-71.

Reichman, Amanda. 1994. 'Who is the Witness.' In Alet Kruger, ed., *New Perspectives on Teaching Translators and Interpreters in South Africa.* Pretoria: UNISA, 103-10.

Repa, Jindra. 1981. 'A Training Program for Court Interpreters.' *Meta* 26.4, 394-96.

___. 1988. 'Professional Status Today and Tomorrow: The Case of Court Interpreters in Canada.' In Deanna L. Hammond, ed., 441-50.

___. 1991. 'Training and Certification of Court Interpreters in a Multicultural Society.' *Meta* 36.4, 595-605.

Rivezzi, Giovanna. 1999. 'The Role of the Interpreter in the Criminal Case.' In L. Katschinska, ed., 15-17.

Roberts, Roda and M. Tayler. 1990. 'Development of Legal Interpreter Education in New Jersey.' In D. and M. Bowen, eds., 70-80.

Roberts, Roda P. 2000. 'Interpreter Assessment Tools for Different Settings.' In Roda P. Roberts, ed., 103-120.

Romans, J. 1997. 'Casos prácticos de traducción jurada (inglés-español) de documentos jurídicos (judiciales) y académicos.' In San Ginés and E.Ortega Arjonilla.

Roy, Cynthia. 1990. 'Interpreters, their Role and Metaphorical Language Use.' In A. L. Wilson, ed. *Looking Ahead: Proceedings of the 31st Conference of the American Translators Association*. Medford, N.J.: Learned Information, 77-86.

___. 1993. 'A sociolinguistic analysis of the interpreter's role in simultaneous talk in interpreted interaction.' *Multilingua* 12.4, 341-363.

Roy, John D. 1990. 'The Difficulties of Limited-English-Proficient Individuals in the Legal Setting.' *Annals of the New York Academy of Sciences* 606, 73-84.

Rydstrom J.F. 1971. 'Right of accused to have evidence of court proceedings interpreted.' *American Law Report* 36, 276-312.

Schedler, M. 1997. 'Gerechtstolken in de praktijk.' In Hertog and Lotriet, 67-78.

Schweda-Nicholson, Nancy. 1986. 'Language Planning and Policy Development for Court Interpretation Services in the United States.' *Language Problems and Language Planning* 10.2, 140-57.

___. 1987. 'Beyond the Court Interpreters Act of 1978. The Federal Court Interpreters Advisory Board.' In Karl Kummer, ed., 281-86.

___. 1989. 'Ad Hoc Court Interpreters in the United States: Equality, Inequality, Quality?' *Meta* 34.4, 711-23.

___. 1992. 'Interpretation Services for lesser-used languages in the United States Courts: A language planning perspective.' *Language Problems and Language Planning* 16.1, 38-52.

___. 1994. 'Professional Ethics for Court and Community Interpreters.' In Deanna L.Hammond, ed., 77-98.

Schweda-Nicholson, Nancy and Bodil Martinsen. 1997. 'Court Interpretation in Denmark.' In Silvana Carr et al., eds., 259-270.

Shlesinger, Miriam. 1989. 'Monitoring the Courtroom Interpreter.' *Parallèles* 11, 29-36.

___. 1991. 'The Next Step: Quality Control for Courtroom Interpreting.' *Proceedings of the 12th International Congress of FIT,* 2-6.

___. 1991. 'Interpreter Latitude vs. Due Process. Simultaneous and Consecutive Interpretation in Multilingual Trials.' In Sonja Tirrkonen-Condit, ed. *Empirical Research in Translation and Intercultural Studies*. Tübingen: Gunter Narr, 147-56.

Steytler, N.C. 1993. 'Implementing Language Rights in the Courts: The Role of the Court Interpreter'. *South African Journal on Human Rights* 9(2), 25-222.

Tayler, Marilyn R. 1988. 'Interpretation/Translation Assistance in Immigration Proceedings.' *Immigration Journal* 11.3, 45 and 57-62.

Tayler, M.R., R. P. Roberts and Elie de la Bandera. 1988. 'Legal Interpreting Education: The New Jersey Legal Interpretation Project.' In Deanna L. Hammond, ed., 389-98.

Torres Díaz, María Gracía. 1997. 'Why consecutive note-taking is not tantamount to shorthand writing.' In K. Klaudy and K. János, eds., *Transferre necesse est*. Budapest: Scholastica, 213-216.

___. 1998. 'La interpretación y el intérprete fuera de nuestros confines.' In Leandro Félix and E. Ortega, eds., *II estudios sobre traducción e interpretación*. Malaga: Diputación provincial de Málaga, vol. 2, 841-848.

___. 1999. 'La recepción y comprensión auditiva en el marco de la interpretación consecutiva.' *Trans*, 3, 147-152.

___. 1999. 'La interpretación y su enseñanza en un entorno cultural específico.' *Anais do congresso ibero-americano de tradução e interpretação*, 236-242.

___. 2000. 'Aptitudes innatas o aprendidas en la interpretación de conferencias.' *Trans*, 4, 47-64.

Valdés, Guadalupe. 1991. 'When Does a Witness Need an Interpreter? Preliminary Guidelines for Establishing Language Competence and Incompetence.' *La Raza Law Journal* 3, 1-27.

Vanden Bosch, Yolanda. 1997. 'Gerechtstolken in België.' In Hertog and Lotriet, 17-41.

van Niekerk, Angelique. 1997. 'Examining strategies in court: problems for the interpreter?' In Hertog and Lotriet, 119-35.

Warendorf, H.C.S. and Chr. H. van Dijk. 1991. 'Tolkenbijstand in Strafzaken in Perspectief.' In D.R. Dorenbos and R.J. Verweij, eds. *Hercodificatie Wetboek van Strafvordering*. Nijmegen: Ars Aequi Libri serie strafrecht en criminologie 7.

Warendorf, Hans C.S. 1997. 'Recent developments in the Netherlands in respect of court intepreters and translators in the judicial process.' In Hertog and Lotriet, 42-48.

Wiegand, Chris. 2000. 'Role of the Interpreter in the Healing of a Nation: An Emotional View.' In Roda P. Roberts, ed., 207-18.

5 Training videos

Court Interpreting in New York State. Produced by Mountain View Productions for the New York State Unified Court System, 885 Second Avenue, New York, New York 10017, USA.

Working With Interpreters. National Center for State Courts, Office of the Administrator for the Courts, 300 Newport Avenue, Williamsburg, VA 23187.

Interpreters: Their Impact on Legal Proceedings. National Center for State Courts, Office of the Administrator for the Courts, 300 Newport Avenue, Williamsburg, VA 23187.

Court in the Act. A video about deaf awareness in the law. Solihull: West Midlands Probation Service, 1996.

Interpreter Training Manual - Court Personnel Training Manual. London: Nuffield Foundation,1998.

The Interpreter: A Historical Perspective. Produced by AIIC, 10 Avenue Sécheron, CH 1202 Geneva, Switzerland, 1998.

Points of Departure: Ethical Challenges for Court and Community Interpreters. Part I for Interpreters, Part 2 for Legal Professionals. Vancouver: Open Learning Agency, 2000 (email: dinis@ola.bc.ca).

Best Practices for Working with Interpreters. Contact Elba de Leon at <e.deleon @ schliferclinic.com>

〈업무흐름도*Flow Chart*〉

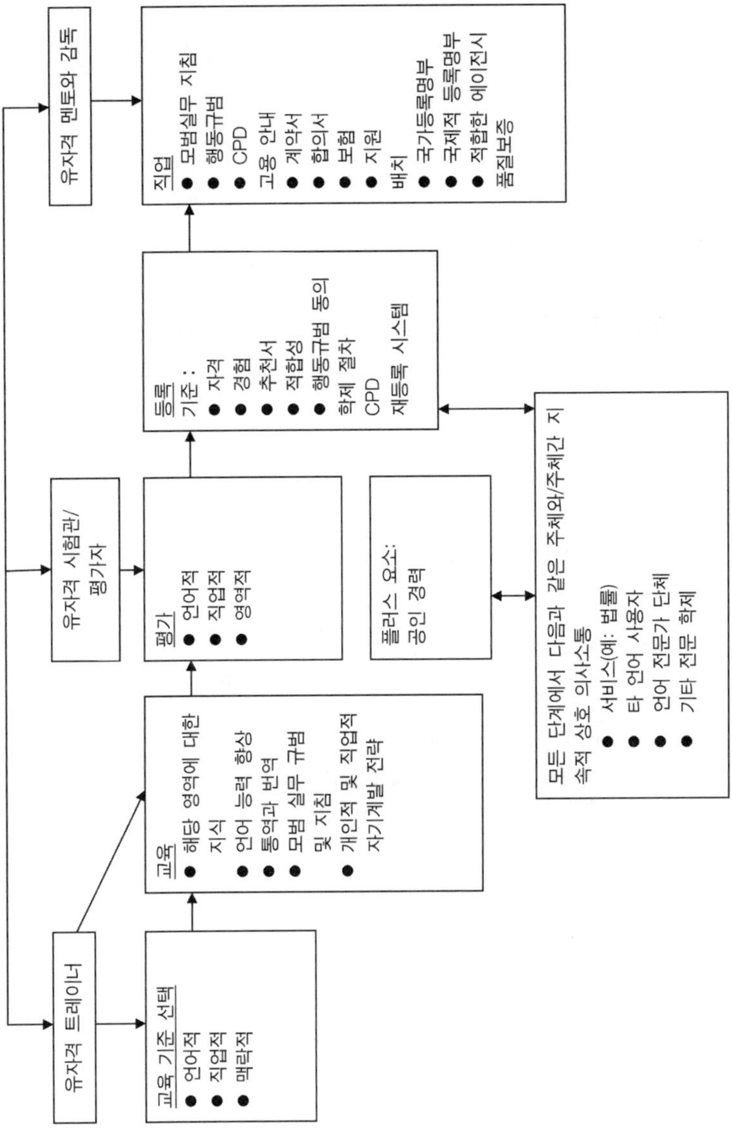

법률 통번역 입문–유럽연합 사례로 본 모범 답안

Aequitas–Access to Justice across Language and Culture in the EU

초판 인쇄 2010년 7월 10일
초판 발행 2010년 7월 20일

편저자 ▪ *Erik Hertog*에릭 에르톡
역저자 ▪ 곽중철
펴낸이 ▪ 박 철
펴낸곳 ▪ 한국외국어대학교 출판부
130-791 서울특별시 동대문구 이문동 270
전화: 02)2173-2495, 2496
FAX: 02)2173-3363
홈페이지: http://press.hufs.ac.kr
전자우편: press@hufs.ac.kr
출판등록 ▪ 제6-6호(1969. 4. 30)
편집 · 디자인 ▪ (주)이환디앤비 02)2254-4301
인쇄 · 제본 ▪ (주)동국문화 02)718-5011

ISBN 978-89-7464-612-7 93740 정가 14,000원